境界知能の子どもたち
「IQ70以上85未満」の生きづらさ

宮口幸治

SB新書
627

はじめに

境界知能の子どもたちは、一見すると普通の子に見えます。

もしも、みなさんの知り合いに境界知能のお子さんがおられたとしても、なかなか気づかれないと思います。その子に道で出会っても、あいさつを交わして会話も成り立って、困っている子には見えないはずです。あるいは、わが子が境界知能の場合でも、客観的には普通の子に見えるのではないでしょうか。

「普通」の子に見えるのに、「普通」ができない――これは、境界知能の子だけではなく、軽度知的障害の子にも当てはまる場合があります。知的障害でも「軽度」というところがポイントで、一見すると普通の子に見えて、見過ごされてしまうケースがあるのです。本書では、「境界知能の子どもたち」と銘打っていますが、その内容は**軽度知的障害の子にも当てはまる**部分は大いにあります。

・授業についていけない
・友達とうまくつき合えない
・感情コントロールが苦手
……そんな困りごとがあれば、子ども本人のやる気や性格のせいだと片づけるのは早計かもしれません。

この本を手に取った方は、境界知能の子どもの親御さんや、クラスに「気になる子ども」のいる学校の先生、あるいは福祉や心理など特別支援教育の関係者の方が多いかと思います。

親や教師、周囲にいる大人は、その子のしんどさ、そしてしんどさの背景にある知能の問題に気づいてあげてほしいのです。

境界知能の子どもの多くは（なかには軽度知的障害の子も）、学習だけでなく、日常生活でも困っています。でも、「話すのが苦手」「できないのを知られるのが恥ずかしい」「あえて助けを求めようとしない」などの理由で、困っていることをあまり口に出しません。

まずは、どういうことが苦手か、どういう場面だとうまくいかないのか、そのときの心情はどういう状態かを、子どもに寄り添い、理解してあげることが大切だと考えます。

「境界知能の子ども」というのは、はざまの存在です。

境界知能とは、知能指数（ＩＱ）でいうと「70以上85未満」で、知的障害と平均域のボーダーに当たります。

ＩＱの平均値は１００。その１標準偏差（データが平均値からどの程度外れているかの指標）は15なので、平均値１００±15の「ＩＱ85以上１１５未満」が平均域となります。「ＩＱ70未満」だと一般的には知的障害に該当します。

もしＩＱが明らかに低くければ、普通学級の授業についていけないことが多く、通級指導教室や特別支援学級、場合によっては特別支援学校などの対象となるでしょう。でも、**境界知能の子どもは、ギリギリついていけるかいけないかのライン**にいます。

得意な授業であればついていけることもありますので、「やればできるのに」「やらないからできない」などと、親も教師も本人の努力不足と思ってしまい、嘆いてしまいがちです。

しかし、**一番しんどいのは子ども本人**です。

仮にＩＱ80の10歳児であれば、精神年齢は8歳くらいで、小学4年生の中に2年生の子が混ざっているような感じです。学習面のみならず、友達との交流面でもしんどい場面はあるでしょう。お兄ちゃんやお姉ちゃんの中に、弟や妹が遊びに参加しているイメージです。友達の輪の中に入っても、対等な関係にはなりにくいのです。

本書では、境界知能の子どもたちの実態を解説しつつ、子どもたちの可能性を伸ばすための方法を提案していきます。

第1章では、知的障害とはどういうものか？ 知的障害と発達障害はどう違うのか？ また、**「気づかれない境界知能と軽度知的障害」**について解説していきます。

境界知能かどうかは、知能検査が判断基準となります。**第2章では、知能検査で人のどういった能力が測れるのか**について解説します。

第3章では、学習の土台となる「認知機能」について解説します。認知機能が弱いとどういう困りごとにつながるのか？ 強化するための具体策について説明していきます。

最後に、子どもの可能性を伸ばすためにはどうしたらいいのか？ **第4章では、保護者をはじめとした支援者に知ってほしい、子どもの気持ちや学習の支援**についてお話ししていきます。

なお、第1〜3章では困っている子どものケースが多数登場します。これは、私が出会った多くの子どもたちの実例をもとにしていますが、個人が特定されないよう話を一部、再構成しています。

これまで知的障害と診断されても、支援次第で、いろいろな意味でよくなっていく子どもたちをたくさん目の当たりにしてきました。

本書が、境界知能や軽度知的障害の子どもたちの背景を理解する一助となること。そして、保護者や教師など周囲の大人が子どもの可能性を信じ、適切な支援の一歩につながれば幸いです。

立命館大学教授
一般社団法人日本COG‐TR学会代表理事
児童精神科医　宮口幸治

境界知能の子どもたち　目次

第２章　知能検査について知る……53

第3章　教科学習の前になぜ認知機能が大事なのか？

第4章 子どもの可能性はどのように伸ばすのか？

第1章

気づかれない「境界知能」と「軽度知的障害」

気づかれない「境界知能」と「軽度知的障害」を問題視

現在、私は大学で臨床心理学や精神医学などを教えていますが、それまでは、児童精神科医として公立精神科病院において発達障害児や思春期青年の治療にあたったり、医療少年院や女子少年院の矯正医官として矯正プログラムの開発やグループ運営を行ったりしてきました。

そして、少年院で多くの非行少年たちと出会い、知り得た驚くべき事実と問題点をまとめた本が、2019年に上梓した『ケーキの切れない非行少年たち』(新潮新書)です。その内容は、少年院には認知機能が弱く、「ケーキを等分に切る」ことすらできない非行少年が少なからずいるという事実と、そういう少年たちの背景や具体的な支援策について言及したものです。

この本は一見すると「発達障害」の問題をテーマにしているように受け止められる方もおられますが、私が知ってほしかったのは、**気づかれない「境界知能」と「軽度知的障害」の問題**でした。

近年、落ち着きがない、不注意が多い、こだわりが強い、対人関係が苦手……といった特性をもつ「発達障害」に関する認知はだいぶ広まってきました。読者のみなさんも、注意欠如・多動症（ADHD）や自閉スペクトラム症といった発達障害の名称を聞いたことはあると思います。書店でも「発達障害」に関する書籍は数多く見かけますが、一方で「知的障害」に関する書籍はあまり見かけません。「発達障害」が注目される昨今、比較すると、「知的障害」の認知度はかなり低いように感じます。

私は、幼稚園や小・中学校のコンサルテーション（児童の課題を教員みんなで解決していくケース検討会）にも従事してきましたが、そこでも「この子はひょっとして知的障害ではないか？」といった視点が最初から出てきた検討会の記憶はほとんどありません。

意外に知られていない「知的障害」の3つのポイント

ここからは「知的障害」について簡単にお話ししていきます。

厚生労働省では、知的障害について「**知的機能の障害が発達期**（おおむね18歳まで）**にあらわれ、日常生活に支障が生じているため、何らかの特別の援助を必要とする状態にあるもの**」と定義しています。（令和5年7月時点）

知的障害の目安となる基準は３つあります。

①知的機能に障害があること
②その障害が発達期（18歳まで）に起きていること
③日常生活に支障が生じていること

１つ目の「知的機能に障害があること」は、知能検査によって測ることが一般的です。知能検査は検査機関によって方針が異なりますが、子どもの年齢や発達の程度に応じて、おおむね５歳くらいを境に５歳以下であれば発達検査（新版Ｋ式発達検査など）、５歳以上だと知能検査（田中ビネー式やＷＩＳＣ《ウィスク》検査）を行うことが多いようです。この検査によって、知能指数（ＩＱ）や発達指数（新版Ｋ式では発達指数ＤＱ）が平均よりどのくらい低いかを調べます。

都道府県によって多少の違いはありますが、「**IQ70未満**」（**一部に**、「**IQ75未満**」**とするところも**）が知的障害の認定基準のひとつになっています。

２つ目の認定基準は、**その障害が発達期（だいたい18歳まで）に発症していることです。**

何かの原因があって大人になってから知的能力に問題が出てきた場合は、知的障害には認定されません。ただこの18歳については、世界の知的障害分野に大きな影響力のあるアメリカ知的・発達障害協会（AAIDD:American Association on Intellectual and Developmental Disabilities）が10年に一度改定している「知的障害：定義、診断、分類および支援体系」（第12版、2021年）では22歳と変更されています（第11版では18歳。日本語訳は令和5年7月現在では11版）。このため将来的には日本でも22歳となる可能性があります。

そして3つ目、**「日常生活の困難さ」**もポイントです。例えば、学校に行けなくなったり、仕事が続けられなかったり、対人関係がうまくいかなかったり、**何らかの社会的な障害が生じて、初めて「知的障害」と診断**されます。

ですので、たとえIQ65でも、とくに支障なく社会で生活できている人には、わざわざ「知的障害ですよ」と認定する必要はありません。それは発達障害も同様です。**知的障害も発達障害も、社会生活を送る上での生きづらさがプラスされて、初めて診断がつくもの**です。

発達障害と知的障害の違い

発達障害も知的障害も、社会生活を送る上で生きづらさを伴うことは、大きな共通点です。では、発達障害と知的障害は、何が違うのかと疑問に思う方もいるかもしれません（個人的にはそもそも比較することが果たして妥当なのかと考えますが）。

次ページの図1は縦軸に知能、横軸に発達障害としての特性をとったものです。かつてアメリカ精神医学会が発行した精神障害の診断と統計マニュアルのDSM-Ⅳ-TR（現在はDSM-5が最新）でも多軸評定というものが採用されていました。そこではⅠ〜Ⅴ軸まであり、簡単にいえば精神科診断で使うのは主にⅠ軸とⅡ軸で、Ⅰ軸はパーソナリティ障害と知的障害を除くすべての精神科の臨床疾患、Ⅱ軸がパーソナリティ障害と知的障害の2つでした。

つまり、発達障害はⅠ軸に、知的障害はⅡ軸に分類され、それぞれ別々に診断されていたのです。そして、両者は併存することもあり、しないこともあります。最新のDSM-5ではこの多軸システムは廃止されていますが、発達障害と知的障害の違いを知る上では参考になると思います。

図1　発達障害と知的障害の位置づけ

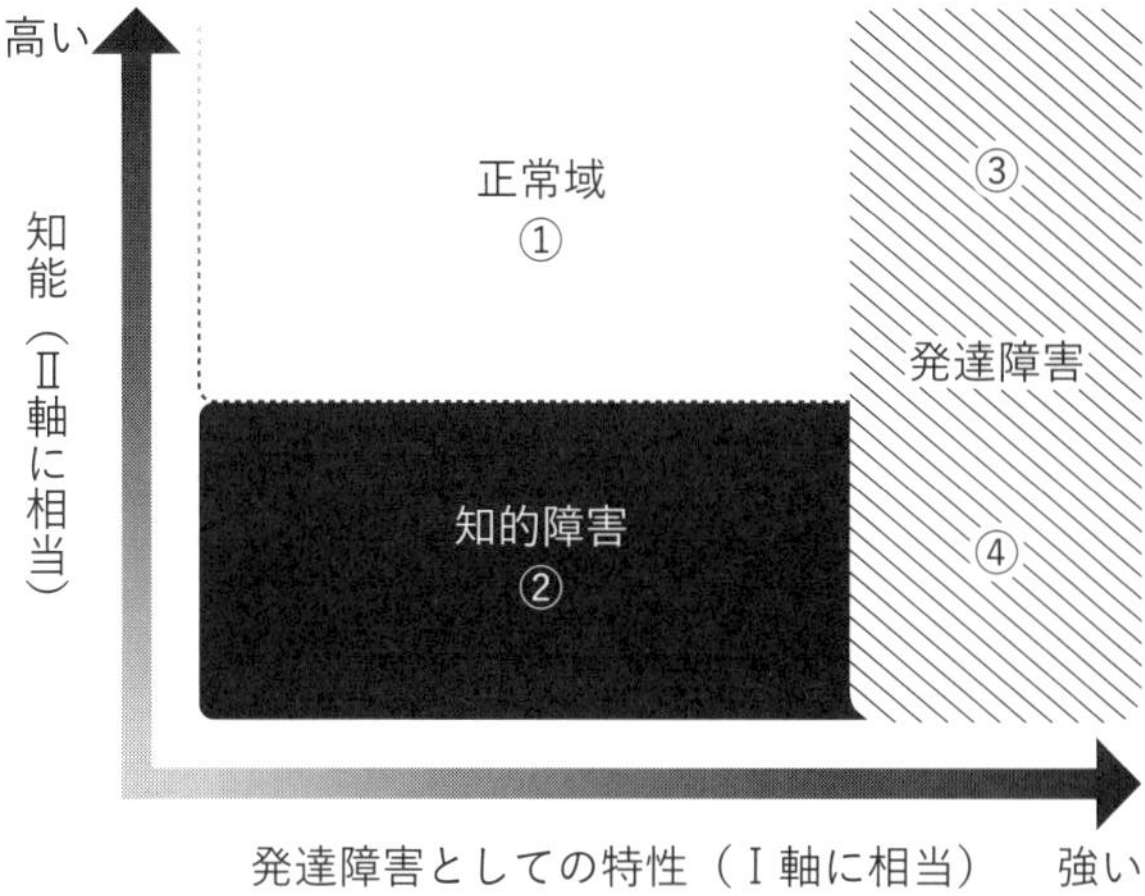

この図1は多軸診断の考え方を利用して著者が作成したものですが、大きく4つに分類されると思います。**①の正常域、②の知的障害のみ、③の発達障害のみ、④の知的障害を伴った発達障害の4つ**です。こう見ますと両者の違いを考えること自体、そもそもの軸（特性と知能という別の課題）が違うため、あまり意味がないことと感じます。

発達障害というのは、よく「発達凸凹」とも呼ばれますが、得意なものと苦手なものの差が大きいイメージです。いろいろな能力の中に、著しく高いものもあれば、低いものもある状態です。

一方、知的障害は全体的に発達がゆっ

図2　発達の凸凹からみた発達障害と知的障害の位置づけ

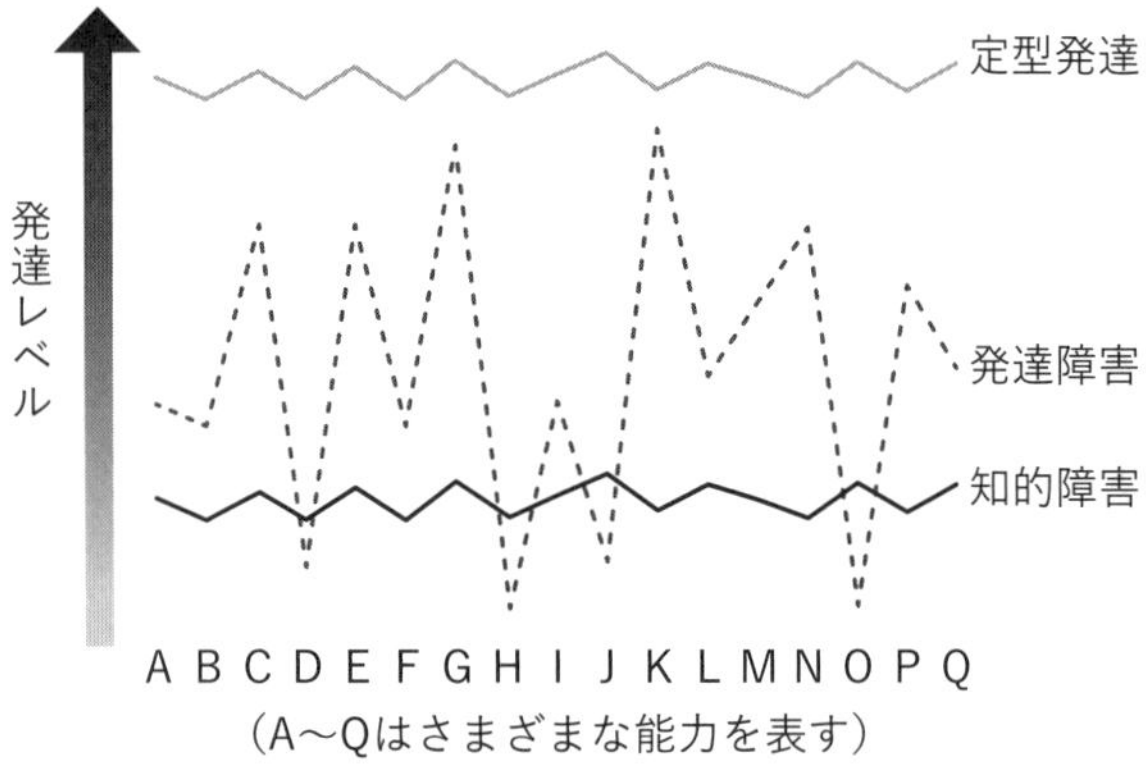

くり進んでいると考えてみてください。どこかの能力が低いというのではなく、全体的にゆっくり成長しているのです。ちょうど図2に示したようなイメージです。

先ほど、ＩＱ70未満が知的障害に該当するというお話をしましたが、ＩＱ値だけでは実際の子どもの状態がわかりにくいこともあります。検査結果を、実際の心（精神）の発達度合いで表した「**精神年齢**」を使うこともあります。

例えば、**IQ70の10歳児であれば、精神年齢は7歳くらいというイメージ**です。そう解釈すると、目の前の子にとって何が必要か、が見えてきます。小学校4年生の中に小学校1年生の子が混じっている、だからレベルに合った学習内容の取得が必要だといった具合です。

そして、**そのゆっくりとした成長が成人になっても12歳くらいの水準で止まってしまうのが軽度知的障害**です。ただし、必ずしもみんなの精神年齢が12歳レベルで止まるかというとそうではなく、生活上の経験値がそれぞれ異なりますので、あくまでも目安です。

発達障害も知的障害も、社会生活を送る上で生きづらさを伴いますが、知的障害の場合は、知的機能の発達水準が全体的にゆっくりな（年齢相応の能力が伴っていない）ために、定型発達の集団生活の中にいれば、さまざまな困難が生じてきます。例えば、勉強が苦手、対人関係が苦手、臨機応変な対処が苦手、感情コントロールが苦手、不注意……などです。

一方、発達障害は、知的障害を伴うことは多くはないものの、こだわりや不注意といった行動面、コミュニケーション能力や学習能力など、ある特定の分野に関して困難が生じると考えるとわかりやすいでしょう。発達障害では、定型発達児の認知機能にプラス要素やマイナス要素が混在している凸凹しているようなイメージです（例えば、記憶力が高く興味のあることへの集中力は高いけれども、想像する力が弱いなど）。

ただ発達障害も知的障害も似ているところもあります。両者は苦手なところでみると共通点もあり、知的障害を支援するプログラムは、もちろん例外はありますが発達障害にも応用が利くと考えられます。

子どもたちの知的なしんどさ

先ほども述べた通り、発達障害と知的障害、この2つは共通点もありますが、発達障害と知能の課題は別の問題と考えます。

もしも発達障害と知的障害が併発している場合、個人的には、**まず知的なしんどさに対応することが先決**と考えます。日常生活や社会的な生活を送る上での困りごとは、知的なしんどさから生じる部分がほとんどだからです。発達障害に知的障害も伴う場合は、知能の程度（軽度・中等度・重度）がどうかという点が重要になります。

発達障害でもIQが高ければ、今の社会を生き抜いていく方法は少なからずあるでしょう。こだわりが強い自閉スペクトラム症の人が、興味や専門性が生かされるような技術職や研究職に就いて、高いパフォーマンスを発揮できることも見聞きします。

2018年に発表された「起業家とその家族における精神状態についての調査」（カリフォルニア大学サンフランシスコ校）によると起業家の10人に3人は、発達障害のADHD（注意欠如・多動症）とのことです。日本でもニトリホールディングス会長の似鳥昭雄さんが診断を公表しています。ADHDの特性である行動力やアイデア力が、起業に生きるというのは想像しやすいでしょう。

「軽度・中等度・重度」の程度の違い

知的機能の水準は一般的にはIQで表され、知的障害の基準のひとつに「IQ70未満」があります。障害は、その程度によって次のように4段階に分けられます。

- IQ50〜69（おおよそ9〜12歳）……軽度
- IQ35〜49（おおよそ6〜9歳）……中等度
- IQ20〜34（おおよそ3〜6歳）……重度
- IQ20未満（おおよそ3歳以下）……最重度

※（　）の年齢は、発達期を過ぎた成人に対する精神年齢です。

4段階のそれぞれの特徴は、次の通りです。各段階で、学力の習得が可能な年齢（学年）というのも付記していますが、あくまでも目安となる年齢です。支援次第で、目安の年齢以上に、成長をうながせる可能性はあります。

・IQ50～69……軽度

多くの場合、身のまわりのことは自分でできるようになります。自分で考える力も身につき、小学6年生くらいまでの学力を習得できます。簡単な読み書きや計算ができます。ただし、言葉の発達や抽象的なことの理解に遅れが生じる傾向があります。高度なスキルを求められなければ、仕事に就くこともできるでしょう。一般的に知的障害といっても、本人や周囲の人にも「知的障害」という自覚がなく、普通に生活しているケースもあります。そのため、実際の人数よりも認定数が少ないものと考えられます。

また統計上は、知的障害者の約85％がこの段階に分類されます。ですので、知的障害といえば、概して軽度のことを指すといっても過言ではないでしょう。

ところで、かつて知的障害のイメージというのを学生に聞いたことがありますが、次のような回答が返ってきました。

- 怖い
- いつも何かブツブツ言ってる
- 話が通じない
- テストがいつもビリ

- 小さい子どものまま
- 授業を邪魔して迷惑
- 一生支える覚悟がいる、そんな子をもつと大変
- きょうだいがかわいそう
- 純粋無垢

これらは、実際の軽度知的障害の特徴と比較してみれば、ほとんどが異なることがわかります。いかに世間での知的障害のイメージが実際と違うかを実感しました。

・IQ35～49……中等度

身のまわりのことはだいたい自分でできるようになりますが、一定のサポートは必要なことが多いでしょう。簡単な読み書きや計算が部分的に可能です。乳幼児期に言葉の遅れはありますが、コミュニケーション能力はあります。適切な支援を受ければ、小学2年生くらいまでの学力を習得できます。配慮があれば、単純作業の仕事に就くこともできるでしょう。

・IQ20〜34……重度

乳幼児期はほとんど会話をしませんが、学童期になると、基本的な生活習慣（会話、食事、排せつなど）を身につけることができます。学力の習得目安は5歳くらいまでで、読み書きや計算は難しいでしょう。簡単なお手伝いやおつかいといった作業は可能です。

・IQ20未満……最重度

快・不快を表出するくらいで、言葉でのコミュニケーションを身につけることは難しいでしょう。適切な支援によって能力の成長は見られますが（3歳くらいまで）、身のまわりのことを自分で処理することは難しく、常に周囲からの支援や保護が必要となります。

なお、知的障害の男女比はおよそ1・6：1（軽度）〜1・2：1（重度）で、全体での男女比は1・5：1程度とされます。

ここまで、知的障害の程度区分の4段階について解説してきましたが、ここで誤解されやすいことがあります。それは、

「障害程度が低い」＝支援の必要性も低い？

ということです。確かに身のまわりの世話などで手を貸す場面は、中等度や重度よりも軽度のほうが減るかもしれませんが、それでも支援をしなくていいわけではありません。むしろ軽度知的障害者だと健常者と見分けがつかず、支援されない可能性すらあります。そうなると、生きづらさは増していきます。

「やっぱり無理」が口グセのAくん

失敗を極度に恐れ、失敗するくらいだったら最初から挑戦しない。そんなプライドの高い子どもがいます。小学校低学年のAくんもそんなひとりです。

Aくんは、先生から「この問題、間違ってもいいからやってごらん」と言われても、(少しやってみて)「やっぱり無理」「もうやめた」(考えもせずに)「わかりません！」「できません」などと答えるパターンが多いのです。Aくんは、あきらめるのが早いのです。

しかし、これらの言葉はできないことへの防衛でした。知能検査を受けたところ、Aくんには軽度知的障害があることがわかりました。

軽度知的障害の子どもは、普通に話したり遊んだりしている分には、健常児とほとんど見分けがつきません。また自分が興味のあること・好きなことの記憶力はよかったりします。しかし、言われたことはだいたいできますが、いつもとやり方が違ったり何か問題が発生した際の対処法がわからなかったり、自分で新たな工夫をするのが苦手なことが多いのが特徴です。

なお、軽度知的障害がある場合でも、親が熱心に教えたり、個別塾に通わせたりすることで、小学生までの勉強にはなんとかついていけることもあります。小学生では成績がそれほど悪くなかったからといって知的障害がないとも限らないのです。

もし知的障害が疑われるなら、「まだ小学生だから様子を見ましょう」と経過観察するよりも、少しでも今できることを考えてあげたほうがいいでしょう。例えば、自治体の教育センターや発達に詳しい医療機関を受診し、どこの部分につまずきが見られるのかをしっかりアセスメント（子どもの状態や特性を把握し評価すること）してもらって、具体的にできる今後の対応策を、学校、保護者が一緒に検討することが望ましいと考えます。

ケース　あきらめるのが早い子ども

「IQ70以上」だと障害とは判定されにくい

すでにお伝えした通り、知的障害には、おおむね「IQ70未満」という基準があります。逆にいえば、原則として「IQが70以上」あると、社会生活を送る上でどんなに生きにくさを感じていても知的障害とは判定されにくいことを意味します。IQが72、73、74などと70を少し上回っただけで、「知的には問題ない」、「知的障害ではない」と診断されるケースも多々みてきました。

エントリーシートの質問がわからないKさん

Kさんは、小学生の頃から授業についていけないことがあり、母親からよく叱責を受けて育ちました。それでも成績はおおむね「3」の評価で、目立つトラブルもなく、どちらかというとおとなしい子どもでした。大学に進学し、2年のときには、ハワイに短期間のインターンシップ留学をして職場体験を経験しました。Kさんの夢はキャビンアテンダントになることです。4年生になるとKさんは、就職活動のためにたびたび上京し、航空業界やホテル業界を中心に就職試験を受けます。しかし、企業に提出するエントリーシートの質問の意味がわからず、空欄ばかりになることもありました。

実はKさんは、誰にも言えない秘密を抱えていました。就職活動をしながら、臨月の身だったのです。両親はこれまでになく喜んで就活を応援してくれます。「関係が崩れるのが怖い」と思い、相談できません。

2019年11月、就職活動のために上京した羽田空港のトイレでKさんは赤ちゃんを産み落とします。そして直後に殺害。遺体を紙袋に入れて空港内にあるカフェに向かいます。そこでアップルパイとチョコレートスムージーを注文し、写真を撮影。「頑張っている自分へのご褒美」というコメントをつけてインスタグラムにアップしています。その夜、Kさんは東京都港区の公園に移動し、素手で穴を掘り、遺体を埋めました。そうして翌日、予定通りに就職面接を受けたのです。

気づかれない「境界知能」だったKさん

赤子の殺害の事実だけを記事で読めばKさんのことをサイコパス的な、まるで理解不能な人間、その行動は常識が通じない身勝手なものだと思われた方もおられるかと想像します。

Kさんの事件の判決は２０２１年9月に下されました。裁判長は「就職活動への影響を避けるべく、自らの将来に障害となる女児の存在をなかったものにするため殺害した。身勝手で短絡的だ」と述べ、懲役5年の実刑判決を言い渡しました。

でも果たして、「身勝手な人間だからこんな犯罪を行った」のでしょうか。実は、この事件にはある背景がありました。

公判前の検査では、被告人の**IQは74で「境界知能」**に相当していたのです。境界知能は、21ページの図１に対し、図４のように正常域と知的障害の間に追加されるイメージです。一般に、ＩＱ70以上は知的障害とは判定されません。しかし、**IQ70～84は、何らかの支援が必要とされる「境界知能」**に当たります。「知的障害グレーゾーン」とも呼ばれる**境界知能は統計学上、人口の約14％が該当**します。**成人でおよそ中学3年生程度の知的能力**です。障害ではないので、行政の支援の対象外です。行政の福祉サービスを受けるには、療育手帳を取る必要がありますが、境界知能では、手帳は取れません（ただし、発達障害で手帳を取れる可能性はあります）。

今、声を大にして申し上げたいのは「発達障害でも知的障害でもない境界知能の人た

図3　IQの分布と境界知能

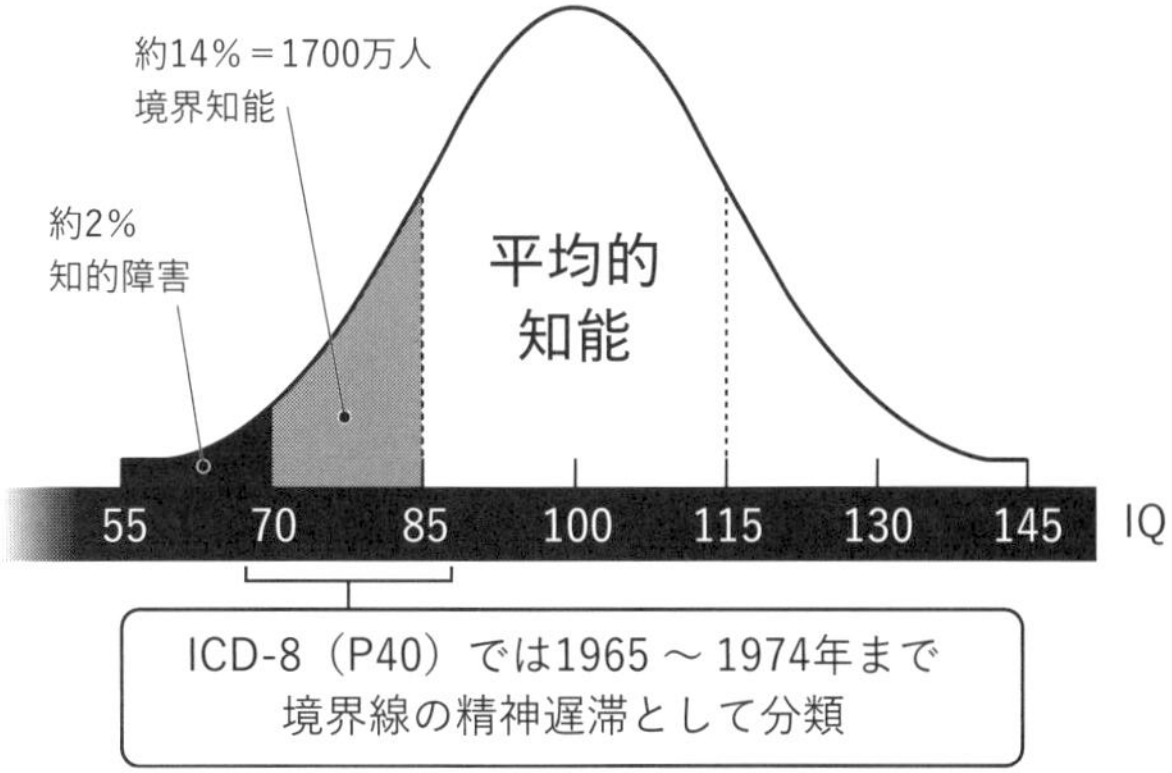

図4　境界知能の位置づけ

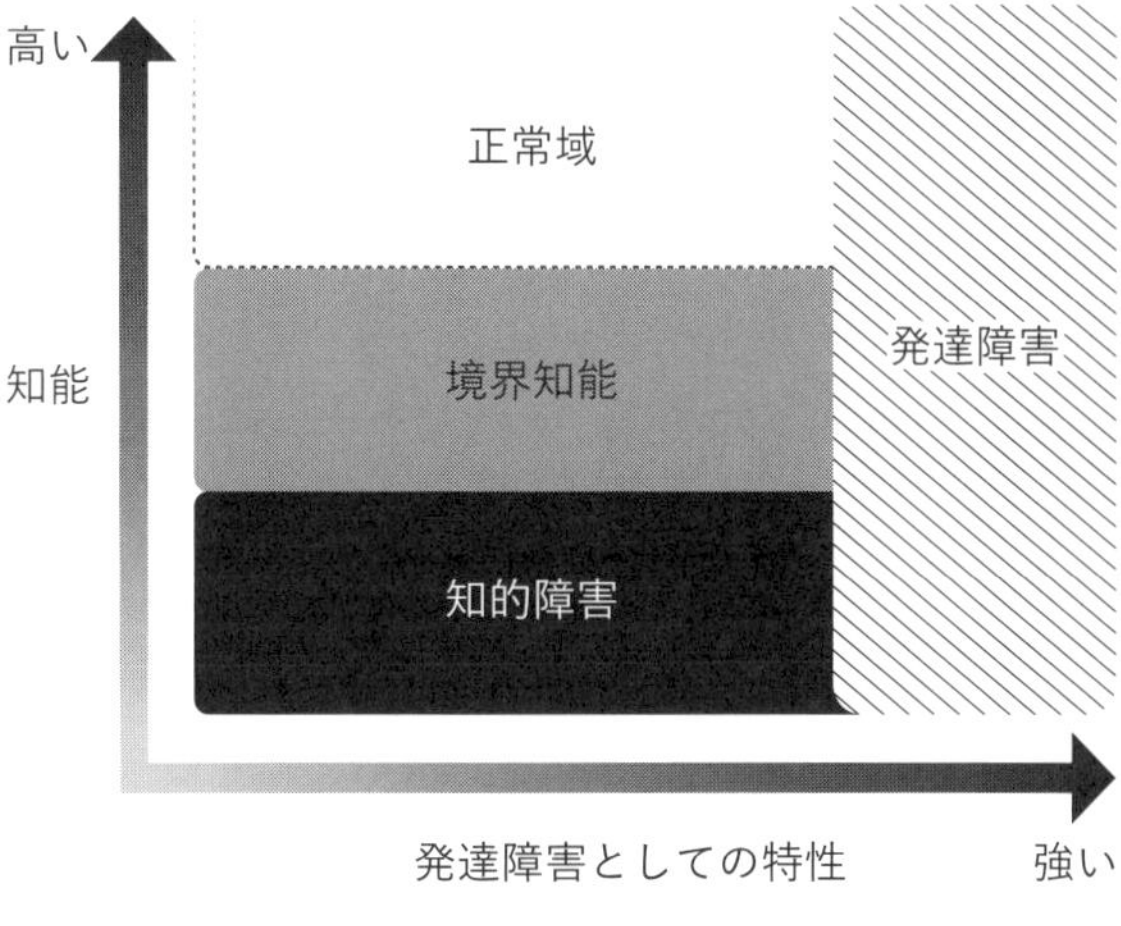

ち」の存在です。今の福祉サービスでは、知的障害の人が受けられる支援や発達障害の人が受けられる支援の両方から外れてしまうのです。

後先を考えて行動するのが苦手

先述したKさんは、裁判中に「自首」や「殺《あや》める」といった言葉が理解できず、ごまかすために笑うなどして裁判長がいらだつ場面があったと報じられています。また、「自首を考えなかったのか」と問われ、「自首ってなんですか」と問い返し、「そんな制度があるなんて知らなかった」と答える場面があったそうです。

それでも、彼女の知的能力は「低いとはいえ正常範囲内で大きな問題はない」と裁判所では判断され、懲役5年の実刑判決が下されます。

一般的に、知的障害をもつ人は、後先を考えて行動するのが苦手です。境界知能の人にもその傾向はあります。これをやったらどうなるのか？　先のことを想像するのが苦手なのです。とくにあわてて何かをしなければいけないときに、後先を考えずに場当たり的に判断し、突発的な行動をしがちです。

真相はわかりませんが、Kさんは、計画性があったわけではなく、突発的に殺害してしまった可能性もあります。弁護側は最終弁論で「被告には、エントリーシートを埋めるようアドバイスをする人もいなかった。事件についても、相談できる人がいれば起きなかった」と主張したそうです。

うまく人に相談できないというのも、知的障害や境界知能によく見られる特徴です。とくに境界知能の場合、「やる気がない」「怠けている」ととらえられ、周囲の人に理解されないまま、挫折を重ねて孤立するケースが数多くあるのです。

証人として出廷したKさんの母親は、幼い頃から叱責を繰り返したと打ち明け、「苦しい気持ちを何ひとつわかっていなかった」と泣きながら証言したそうです。本来ならば、社会に出る前に家庭や学校で支援の道筋を立てる必要があったのに、と無念に思います。

知的障害の様相が「身勝手で短絡的」に

さらにいえば、裁判長が判決文で述べた「**身勝手で短絡的**」**に見えてしまうというのも、まさに知的障害の特徴のひとつ**と考えます。知的障害であれば、先のことを想像して考えるのが苦手なので問題を先送りしたまま現実に直面し、場当たり的な行動に出てしまう可能性もあるのです。

ほかにも判決文には、

「空港職員等に助けを求めようともしていない」

「妊娠を隠し続け……これを直視せず、先送りしたまま出産を迎え……」

「問題解決が困難である際に姑息的（一時しのぎ）あるいは強引な行動に至る傾向があり……」

「母親に妊娠の事実を隠すなど……」

といった内容が書かれていました。困ったときに一人で抱え込んでしまい、融通を効かせて他者に助けを求めることが苦手だというのも、まさに知的障害の特徴のひとつと言えるかもしれません。

これだけ知的障害の特徴とも解釈できる様相を呈しているのに、知的な問題があるとは受け止められずに、本人の身勝手さ、思慮の浅さばかりが浮き彫りにされてしまったのです。

これは場合によっては冤罪にもつながりかねない大きな問題だと思っています。

先日もある県で裁判官向けに境界知能について講演をしたのですが、みなさん、知的障害についてすらあまりご存じではありませんでした。「知的障害ってそもそもどういう状態を指すのですか？」というレベルの方もおられました。「境界知能」であればさらにご存じない方も多いはずです。そんな裁判官の方々が、被告人がおぼつかない言動をとり質問に適切に答えられない様子を見せても、知的な問題を疑うのは難しいと思いました。

知的障害があったとしても、気づかれずに「普通の人」として裁かれ、判決が下されることもあるわけです。これは恐ろしいことだと思います（この問題は、コミック版『ケーキの切れない非行少年たち』第4～5巻〈新潮社〉で描かせてもらっています）。

知的障害の認定基準は自治体や時代によって違う

ここまで「IQ70未満」が知的障害の判定の目安だとお伝えしてきましたが、その数字はあくまでも目安です。例えば、**知的障害の認定基準について、東京都では「軽度とは、知能指数（IQ）がおおむね50から75」**と、**京都市でも「発達指数又は知能指数が51から75の場合は、障害の内容は軽度とする」**とされている一方で、**埼玉県では「知能指数がお**

おむね70以下」とのことです。

このように知的障害の障害認定基準は自治体によって違います。ということは、住んでいる場所によって、知的障害とされるかどうかが変わってしまうわけです（自治体による線引きの違いが責任能力の判断に影響を与えるのならば、裁判の判決が変わっていた可能性もあります）。

そもそも知的障害の基準を「ＩＱ70未満」としたのは１９７０年代以降のことで、それ以前は「ＩＱ85未満」が基準だった時期がありました。

現在、日本の医療現場では、世界保健機関（ＷＨＯ）が発刊するＩＣＤ（国際疾病分類）の第10版（ＩＣＤ－10）を使用して、疾病分類を行っています（２０２３年7月現在、第11版への切り替え中）。

このＩＣＤですが第9版までは、およそ10年単位で改訂が繰り返されてきました。**１９６５～１９７４年は第8版（ＩＣＤ－８）が使用され、この10年間は、ＩＱ70～84が境界線精神遅滞という定義**がなされていました。

「精神遅滞」は、今でいう「知的障害」のことです。つまり、**現在の「境界知能」は、かつて知的障害に含まれていた**ことになります。これを現在の日本に当てはめますと、実に約1700万人（人口の約14％、およそ7人に1人）が知的障害という推計になります。

それが第9版（ICD－9：1975～1984年）以降になると、知的障害は現在のIQ70未満に変更となりました。変更の背景には、IQ70～84も含めてしまうとあまりに知的障害の人口が多くなってしまうので、支援者の確保や財政の面でも追い付かなくなるという事情もあったと推測されます。

軽度知的障害でも気づかれないことも

しかし、知的障害の基準が変わったとはいえ、IQ70～84のかつて「境界線精神遅滞」と定義されていた人たちは、障害が治ったわけではなく依然存在します。それなのに、支援の対象外とされたというのが、問題なのです。

彼ら・彼女らは子どもの頃から、「勉強が苦手」「コミュニケーションが苦手」「運動が苦手」といった学習面や身体面に問題を抱え、生きづらさを抱えているケースが少なくないのです。にもかかわらず、境界知能であることに気づかれず、さらには支援につながることが少ないため、勉強でつまずいたり、仕事が続かなかったり、引きこもったり、だまされたり、最悪な場合には、利用され犯罪に手を染めて刑務所に入ってしまうことすらあるのです。

では、軽度知的障害であれば気づかれるのかといえば、そうとも言い切れません。29ページで紹介した「やっぱり無理」が口グセのAくんのように、見た目や普段の生活態度ではほとんど区別がつかないケースもあります（知的障害を疑いながら注意深く見れば、学習上や行動上のつまずきがわかってきますが）。

また、ひと口に「軽度知的障害」とはいっても、中等度に近いＩＱ50と境界知能に近いＩＱ69では困りごとのレベルはかなり異なりますので、ここも注意が必要です。

中学1年生の今、テストが20点のTくん

Tくんは、小学2年生くらいまでなんとか勉強についていけましたが、中学１年生の今、もう授業は難しくてついていくのが困難です。テストの点数は、５教科合わせて５００点満点のところ１００点くらい。１教科平均20点です。先生の板書は7割くらい書き取れますが、自分で問題を解くことは難しいです。

家庭では、勉強せずにスマホでゲームをしたり動画を見て過ごしたりすることが多く、

課金が月額1万円を超えることもあります。また、「宿題はやった?」と聞くとやっていないのに「やったよ」などと、よく嘘をつきます。

親御さんは、Tくんの進路が心配です。親御さんの願いは「過去に戻りたい」「頭をよくしてほしい」「未来を見てみたい」という痛切なものです。

このTくんの知能水準は、だいたいどれくらいだと推定されるでしょうか。Tくんは現在、通常学級で過ごしています。小学2年生くらいまでなんとか勉強についていけたそうですが、裏を返せば、それ以降今まで相当にしんどい思いをしていることが推察されます。

また、よく嘘をつくということですが、2つの原因が考えられます。ひとつは「聞く力」の弱さです。聞き取れずになんと答えていいかわからないときに、とりあえず「うん」と答えてしまっているようなケースです。

もうひとつは、心理的側面からは、嘘をつくことで得をする場合です。得というのは、例えば、叱られずにすむ、注目されるなどが考えられます。Tくんの場合は、おそらく前者のケースと考えられました。

読者のみなさんは、このようなTくんに対して、できれば特別支援学級に編入し、Tくんの特性に合った学校生活をサポートしていくことが望ましいと考えないでしょうか。

しかし、**実はTくんは知能検査では境界知能域に相当**しましたので、特別支援学級のレベルではなく通常学級のままで授業を受けることになりました。このレベルでは特別支援の対象にはならないことが、学校教育では通常のようです。ですので、点数があまりよくなくても、最初から先生に「知的障害があるのでは？」とはなかなか思われないのも、事実なのです。

厚労省が把握する知的障害者は少ない？

知的障害は、児童相談所や病院などで知能検査を受けることでわかります。ただし、目立った困りごとがなければ、そもそもそういった機関に相談にも行きませんからますます気づかれないままです。

知能指数は基本的に正規分布（平均値の度数を中心に、正負の度数が同程度に広がる分布）に沿っていますので、**統計的には、日本の人口の約2％（約250万人）の人がIQ70未満に該当**し、知的障害の可能性があることになります（2023年時点の日本の人口は1億2

477万人）。

しかし、**厚生労働省が把握している知的障害者は1％未満**です（2016年の厚生労働省の調査では、総人口1000人当たりの知的障害者は9人）。2000年代までさかのぼると0・5％もいませんでした。

つまり、知的障害のある人は、厚生労働省が把握する人数より倍以上も多いと推計されます。では、なぜ調査で把握された人数のほうが少ないのかというと、楽観的な見方をすれば、社会の中でうまく生活できていて、診断を受ける必要がないのかもしれません。しかし悲観的に見れば、障害があって困っていても気づかれずに支援の枠から外れてしまっている可能性もあるのです。

なお、厚生労働省が把握している知的障害者というのは、療育手帳所持者の推計値です。この手帳は、自治体によって「愛の手帳」（東京都・横浜市）、「愛護手帳」（青森県・名古屋市）など呼び名が違う場合があります。

療育手帳を取得するメリットは、各種福祉サービスを受けられる、障害の証明（「障害者割引」を受けられる）、「障害者求人」への応募が可能になることなどが挙げられます。この療育手帳を取得する必要がないということは、福祉サービスを必要としていないとも受け止められてしまうこともあります。しかし、困っていないから療育手帳がいらない、というのならばまだいいのですが、本人も周囲も困りごとの原因が、知的障害にあることに気づいていない場合があります。

「私はどうして勉強ができないんだろう？」

「どうして仕事がうまくいかないんだろう？」

などと困っていたとしても、それだけで知能検査を受けに行く人など、ほとんどいないのが現状です。

医療少年院で知った少年たちの課題

児童精神科医である私も、かつては知的障害の子どもの存在に気づいていない時期がありました。私はもともと、公立の精神科病院で働いていて、発達外来、児童思春期外来などが専門で、患者さんのほとんどが発達障害の子どもたちでした。ずっと自閉スペクトラム症やADHD（注意欠如・多動症）の子どもたちを診ていたわけです。ですから、「困っている子ども」というと、主に「発達障害」のイメージでした。

その後、医療少年院で働くことになったのですが、そこで問題になっていたのは多くが知的障害でした。**軽度知的障害や、境界知能をもった発達障害の少年たちが数多くいた**のです。

では、なぜ病院では知的障害の子にはあまり出会わなかったかというと、子どもの障害が知的な面だけだと、医学的治療はあまり関係しないからです。知的障害というと特別支援教育や福祉サービスは必要ですが、それだけでは医療機関にかかる必要性はあまりありません。自傷他害等が激しい強度行動障害の方々の投薬調整や、診断書の更新以外は、軽度知的障害の方々（知的障害の約85％）と精神科医療とは、ほとんど関わることがなかったのです。一方、発達障害だと、診断や通院による継続的な治療の必要があったりして、医療との関わりが深くなります。

公立の精神科病院から医療少年院に移ってみて、そこに軽度知的障害の少年たちが数多くいる現状に遭遇し、病院とは違う問題があることを知りました。知能の問題がきっかけで勉強についていけず怠学し、結果、非行につながり犯罪の加害者になっている少年たちがいる現状を初めて知ったのです。病院ではあまり見ることのなかった知的障害の子どもたちの課題を、医療少年院で初めて認識しました。知的機能のハンディが、子どもの生きづらさや困難を語る上で避けて通れない問題だと気づいたのです。

境界知能、軽度知的障害が見過ごされる理由

境界知能や軽度知的障害だと、学校の先生や親でも気づかないケースが多々あります。統計上は、境界知能は人口の14％、35人学級であればクラスに5人くらいはいる計算です。困っている子どもの人数は想像以上に多いにもかかわらず、です。

家庭では、わが子とはいえ、特に家庭で親御さんが気づくのはなかなか難しいことです。自分の子ばかり見ているると比較対象がなく、どうしてもわが子を基準に考えてしまいがちです。きょうだいができてから気づく場合もありますが、1人目だとなかなかわからないかもしれません。また、3歳児健診や5歳児健診で、わが子の遅れを訴えても「経過観察」とされるケースもあります。

集団の中の一人として子どもを見ている学校のベテランの先生であれば、知的障害に気づくこともありますが、境界知能となると概して難しく「この子はなんかほかの子と違うな」という違和感を覚えながらも、特別な支援にまではつながらないケースもあります。

２０１９年からは教職課程に「特別支援教育」に関する科目が必修化されました。ただし、授業で知的障害の概要を教わっても、現実に境界知能や軽度知的障害の子どもに接する機会があるとは限りません。そういう子どもたちが、実際にどのような言動をとるのか、それがどういう症状の表れなのか、というところまでは具体的に学べる機会がなかなかないのです。ですから、境界知能や軽度知的障害の子どもがクラスにいたとしても、先生方が見過ごしてしまうこともあるでしょう。

それは学校の先生に限らず、私たち医師にも言えることです。医学部では知的障害の定義的なことについては学びますが、実際に境界知能や軽度知的障害の子どもを前にしても、実際に接したことがなければわかりません。そういった子どもたちは見た目ではほとんど区別がつきませんし、普段の生活の様子もほとんど健常児と変わらない子もいます。

子どもを理解することから始める

では、そういうお子さんたちを見過ごさないためには、どうしたらいいのでしょうか？

それには、まずは目の前の子どもの状況を正しく理解することから始めるしかありません。

境界知能や軽度知的障害の子どもたちの困りごとは、勉強が苦手という学習面だけにとどまりません。普段の生活の中で、いろいろと困っているサインがあるはずです。例えば、

- 友達との会話についていけない
- 相手の気持ちが想像できずにトラブルになる
- 感情をコントロールするのが苦手。キレやすい
- 約束を忘れてしまう。忘れ物が多い
- 先生の話を聞けない
- 手先を上手に動かせない
- 体をうまく動かせない

……

そんなサインを観察し、困っている状況やその背景をひとつずつ理解していくことです。そのためには、**常に子どもの目線に落として、何に困っているのかを見る**ことです。子ども目線に立って、困っていることを考えると、必要な支援が見えてきます。

もうひとつ大事なのは、**子どもの話をしっかり聞く**ことです。子ども相手に限らず、人は、聞いているようでいて相手の話を聞き流してしまうものです。特に子ども相手ですと、

説明がつたなかったり要領を得なかったりして、「それって、こういうこと？」などとつい口をはさんでしまいがちです。

さらに「あなたにも問題があるんじゃないの？」などと否定する発言をしてしまったら、子どもは心を固く閉ざしてしまいます。子どもにしてみれば、親や先生からの意見が欲しいわけではなく、ただ話を聞いて、自分のことを受け入れてもらいたい一心なのです。ですから、子どもの目を見て、しっかり相づちを打ちながら、話に耳を傾けることが大切です。

その際に、子どもが「お母さん、どうしたらいい？」「先生、どう思いますか？」などと意見を求めてきたら、初めて助言を与えてあげればいいと思います。

知的障害と診断されても変わる可能性

医師の中には「知的障害のＩＱは一生変わらない」と言われる方々もおられますが、私は、それには疑問をもっています。知能検査で知的障害域のＩＱと出ても、数値は変わる可能性はあります。逆に一生変わらないことを証明するほうが困難ではないでしょうか。

近年、ＩＱは思春期になってからも変化するという報告も出てきています。２０１１年、英国ロンドン大学の研究チームが、12～16歳の思春期世代の被験者33人を対象にＩＱテストを行ったところ、4年後のテストでは20ポイント上昇した人がいることを確認しました（ただし、同じくらい下がった人もいたそうです）。これだけで結論づけることはできませんが、それでも、**そもそも子どもの脳、特に小さな頃の脳がどう変化するかは、未知な部分が大いにあります。**

私は認知機能の弱い少年や子どもたちと多く関わってきて、トレーニング次第で大きく伸びる少年や子どもたちがたくさんいることを目の当たりにしてきました（認知機能の強化トレーニングについては第3章で詳述します）。境界知能や軽度知的障害だとされても、要素的な認知機能（例えば注意力など）に関しては改善していく可能性はあります。程度に差はあれ、それが結果的にＩＱの変化にもつながらないと誰が証明できるでしょうか。

もしも子どもの可能性を「少しでも伸ばしてあげたい」と思っているのなら、今できることを前向きに取り組んでいく価値は十分にあると信じています。

第2章 知能検査について知る

知能検査を受ける

この章では、知的障害や境界知能を診断する際の根拠となる知能検査について触れておきたいと思います。

教育センターや医療機関等でお子さんが知能検査を受けることもあると思いますが、結果の数字だけを聞いて、知能の大体の程度や、ばらつきを説明されることがほとんどでしょう。それでは、今ひとつわかりづらいのではないでしょうか。

そこで、保護者の立場となって、知りたい情報を主に、知能検査では何を測っているのか、そもそも知能とは何か、結果をどう受け取ればいいのか、などについてお話ししておきたいと思います（なお、知能検査の詳細を述べるのは本章の目的ではありませんので、もっと詳しくお知りになりたい場合は別途、他書をご参考にしてください）。

まず知能検査を受けるきっかけとして、「学校の授業についていくのが難しい」「集中力が続かない」「先生の指示が聞き取れない」といった何らかの困りごとがあって、発達相談などに行ったり、医療機関を受診したりして、そこで勧められることがほとんどかと思います。

小学生以上では、5歳～16歳11カ月を対象としたＷＩＳＣ《ウィスク》検査が使われることが多いでしょう（日本語版は２０２１年に改訂され、最新は「ＷＩＳＣ－Ｖ」ですが、「ＷＩＳＣ－Ⅳ」を使っている機関もあります）。一般に児童用の検査ではこのＷＩＳＣ検査の値がＩＱと呼ばれるものです。ＩＱという言葉は誰しもが聞かれたことはあるかと思いますが、一方で、どういった検査で測り、どう解釈するかまではなかなかご存じないと思います。

そこで、世界で最も代表的な児童用の知能検査のひとつであるＷＩＳＣ－Ｖ検査を使って、知能検査について簡単にその概要をご説明していきます。

そもそも知能とは何なのか？

その前に、そもそも知能とは何かについて現在の見解をご紹介します。ＷＩＳＣ検査（成人用はＷＡＩＳ《ウェイス》検査）の考案者であるデイヴィッド・ウェクスラー博士は、この検査で測る「知能」について「目的に沿って行動し、合理的に思考し、能力的に環境を効果的に処理する個人の総合的・全体的能力」と定義しています。

一般的には「環境に適応していく能力」で、記憶・知覚・理解・思考・判断などの「物事を処理する能力」と言われ、これらには学習能力、知識を得る能力、思考力、創造力などさまざまな能力が含まれますが、実は、知能自体の概念はまだはっきりとはわかっていません。

現在、「単一の形質としての知能」「多因子形質としての階層的構造」「多重知能」などの概念が提唱されており、その中でも1つ目の「単一の形質としての知能」という概念が広く認められてはいます（WAISやWISCなどは、この概念で作成されています）。しかし、それが知能だという誰もが納得するような結論までは、まだ出ていないのです。

例えば、WISCの場合は、7～10種類程度の項目で測った値を利用して「IQ」を算出しています。しかし本来、人間の知能というと、もっと幅広い力があるはずで、検査で測る項目と実際の知能との間にさまざまなズレが生じてしまうわけです。

もちろん、知能検査の標準化には大勢の研究者が関わり、多くの被験者に協力してもらって作成されたものですので、全般的な知能水準をみる上では信頼度の高いものだといえます。ただ、実生活を生きる上では「WISCで測れるもの」以外の能力も多々ありますし、それもあわせてみていく必要もあります。

例えば、計画力、実行力、やる気、思考の柔軟性や臨機応変さ、対人コミュニケーション能力などは、概してWISCでは測りにくいものですが、それらがどれだけ大切な能力かは説明するまでもないでしょう。

ですので、**知能検査の結果がその人間の能力というものでもなく、その結果に一喜一憂するものではない**ことを最初にお伝えしておきます。

知能検査の概要

次に、具体的にWISC-Vの検査項目をみていきましょう。WISC-Vの検査項目には、「全検査IQ（FSIQ）」と、5つの指標として「言語理解（VCI）」「視空間（VSI）」「流動性推理（FRI）」「ワーキングメモリ（WMI）」「処理速度（PSI）」があります。5つの指標には、それぞれ2個ずつ計10種類の下位指標検査があります。さらに5種類の補助指標というのもあり、これは必要があれば行う検査です。

・**全検査IQ**（Full scale intelligence quotient: FSIQ）

全体的な知能発達を表す得点です。10種類の主要下位検査のうち7つ（類似、単語、積木模様、行列推理、バランス、数唱、符号）の合計から算出されます。

①言語理解指標（Verbal Comprehension Index: VCI）

言語による理解力・推理力・思考力に関する指標です。言葉を中心とした検査で、物の名前や言葉の理解力、概念力などをみています。

・主要下位検査項目：類似、単語

②視空間指標（Visual Spatial Index: VSI）

視覚情報を処理する力や視覚情報から推理する力に関する指標です。目で見たものの理解を中心とした検査で、実際に手を動かして積木で模様を作ったり、パズルを完成させるのに必要なピースを選んだりする検査によって算出されます。

・主要下位検査項目：積木模様、パズル

WISC-V 検査の構成

全般的なIQを表す全検査IQ（FSIQ）

5つの主要指標	10個の主要下位検査項目
①言語理解指標（VCI）	類似 単語
②視空間指標（VSI）	積木模様 パズル
③流動性推理指標（FRI）	行列推理 バランス
④ワーキングメモリ指標（WMI）	数唱 絵のスパン
⑤処理速度指標（PSI）	符号 記号探し

※主要下位検査項目で測れる能力について61ページに掲載

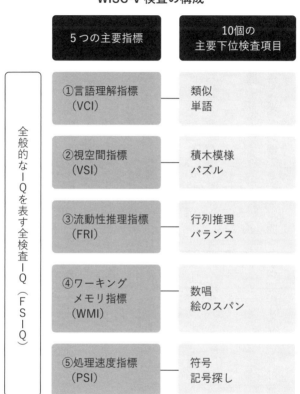

③流動性推理指標（Fluid Reasoning Index:FRI）

非言語情報の特徴を把握し、関係性や規則性、暗黙のルールを察する力に関する指標です。

目で見たものの概念やルールを推理する能力をみます。

・主要下位検査項目：行列推理、バランス

④ワーキングメモリ指標（Working Memory Index: WMI）

耳で聞いたり目で見たりした情報を一時的に正確に記憶する能力に関する指標です。**ワーキングメモリは、作業に必要な情報を一時的に記憶し処理する能力**で、「心のメモ帳」とも呼ばれます。短い時間に心の中に情報を保持し、同時に処理する能力を指します。

・主要下位検査項目：数唱、絵のスパン

⑤処理速度指標（Processing Speed Index: PSI）

どれくらい速く物事を処理できるかを測定する指標です。検査では視覚的な情報を処理していきます。

主要下位検査項目で測れる能力

主要下位検査項目	出題の内容	測れる能力
1 類似	共通の概念をもつ2つの言葉を口頭で伝えて、その共通点や類似点を答える	概念を理解し、推理する能力
2 単語	見せた絵の名前や、単語を読み上げてその意味を答える	単語の知識や言語概念の形成について
3 積木模様	見本の模様を示して、積木を使って同じ模様を作成する	抽象的な視覚刺激を分析して統合する能力
4 パズル	組み合わせると見本と同じになるものを選ぶ	視覚刺激の分析に関する能力
5 行列推理	一部分が空欄の図を見せて、選択肢から当てはまる記号や絵を選ぶ	流動性知能や視覚性知能、空間に関する能力
6 バランス	天秤が釣り合うために、適切な重りを選択肢の中から選ぶ	量的な推理、類比的な推理の能力
7 数唱	読み上げた数字を、同じ順番で復唱、逆唱、並べ替えて答える	記憶力や注意力に関する能力
8 絵のスパン	一定時間、絵を見せて、解答ページにある選択肢から答える	視覚的な記憶を保持できるかという能力
9 符号	図形や数字と対になっている記号を書き写す	視覚的な認知やスピードに関する能力
10 記号探し	左側に示した記号が、右側のグループの中にあるかを探す	作業効率や集中力に関する能力

・主要下位検査項目：符号、記号探し

改訂前のＷＩＳＣ－Ⅳでは、検査する主要指標は４つでした。「知覚推理」という指標がありましたが、それがＷＩＳＣ－Ｖでは、「視空間」と「流動性推理」という2つの指標に分けられました。

知覚推理とは、視覚情報を処理する力・視覚情報から推理する力を指します。ざっくりいうと「見る力」で、視覚情報をどれだけ正確にとらえることができるのかという力です。この力が弱いと、地図やグラフを読み取ることや、自分が今どこにいるのか位置関係を把握すること、図形やスケッチを描くことなども苦手な可能性があります。ただ、ＷＩＳＣ－Ⅳの知覚推理では、「行列推理」なども含まれており、単に見るだけの力でなく、推測する力も必要とされ、わかりづらい点もありました。今回の改訂では「見る力」（視空間）と「推測する力」（流動性推理）が分けられたようです。

ほかにも、ワーキングメモリ指標では、ＷＩＳＣ－Ⅳにはなかった視覚性のワーキングメモリを測る下位検査（絵のスパン）が追加されました。

神経心理ピラミッドと知能検査

ところでWISCなどの知能検査の脳機能への位置づけは、65ページに掲載の「**神経心理ピラミッド**」（ニューヨーク大学医療センター・ラスク研究所が提唱）を使って考えてみると、理解しやすいでしょう。

「神経心理ピラミッド」とは、認知機能が階層構造を形成していると仮定したものです。階層は9層が想定され、上層から「高次レベル」、下層から「基礎レベル」に分かれ、頂上には「自己同一性」が位置するとされます（以前のモデルでは「自己の気づきSelf -Awareness」とされていました）。これによると、下の階層はその上にある機能に影響を及ぼしていると考えます。このモデルの正当性については検証の余地が残りますが、知能検査の位置づけをみる上ではわかりやすいモデルかと思われます。

各層の詳細はここでは述べませんが、WISCの知能検査は下位検査項目から考えて、ピラミッドの中間の（）でくくった「注意と集中」「コミュニケーションと情報処理」「記憶」、そして「論理的思考力、実行機能」の一部のレベルを測っていると想定されます。

このモデルによると、上の層は下の層からの影響を受けますので、知能検査の結果は（）を含めた下の層のすべての機能が合わさったものということになります。

例えば、いくら「情報処理」の能力に秀でていても、最下層の「意欲」がなければ、つまり、検査へのやる気がなければ、検査結果は低く出てしまうのです。

では、( )より上の層はどうなのかというと、例えば近年、その働きが注目されている「実行機能」などは知能検査にあまり関係していないと解釈されます。もちろん、上の層から下の層への働きかけもありますが、WISC検査で実行機能の程度までを正しく測ることは困難なのです。

私たちを動かす司令塔の「実行機能」

実行機能とは、「目標を設定してその過程を計画し、実行していく」一連の流れのことで、いわば私たちを動かす「司令塔」のようなものです。これによって、日常生活を送る上でいろいろな経験(「記憶」の層など)に照らし合わせて、「こういうことをしよう」と発想したり、計画を立てて実行したりするわけです。

つまり、人が生活をする上では、学校でも職場でも家庭などどこでも欠かせない機能で

神経心理ピラミッド

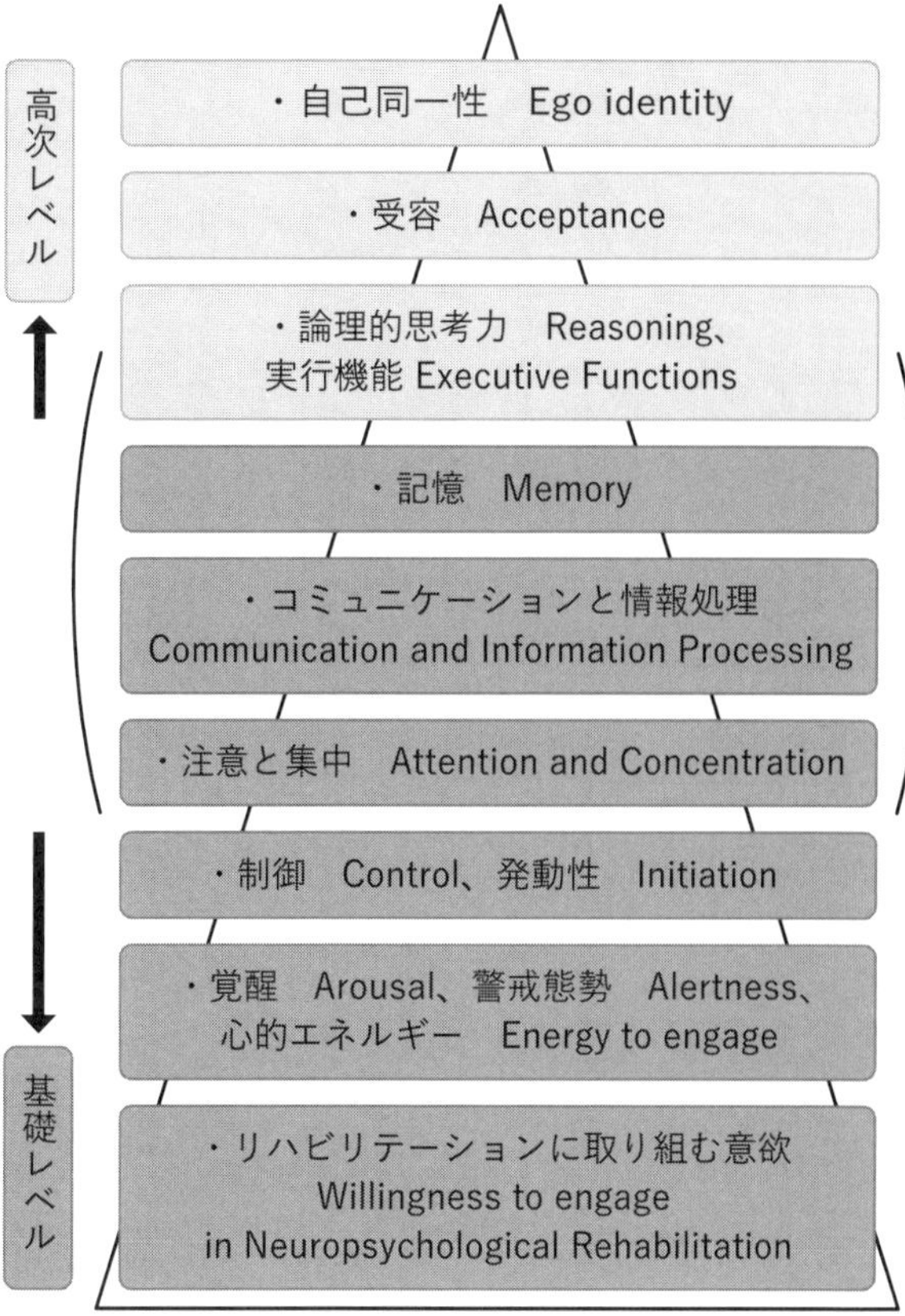

ニューヨーク大学医療センター・ラスク研究所の「神経心理ピラミッド」をもとに作成

す。学校生活では、夏休みの宿題を計画的に終わらせて休み明けに提出できること、翌日の時間割を把握して授業に必要なものをそろえて持っていくことなどが相当します。

そして、**司令塔からの命令をもとにいろいろと処理をするのが、例えば「情報処理」の層で、WISCでは主にそのあたりの能力を測っている**ことになります（「情報処理」を速く効率よく行うには、その下の「注意と集中」の層も必ずなくてはならない力です）。

ところで、もし交通事故などで頭部に外傷を負い「実行機能」が障害され、高次脳機能障害などになりますと、計画がうまく立てられなくなるなど、それまでと同じ日常生活を送りにくくなったりします。ところが、知能検査はそれよりも下位の層を測定しているわけですので、事故前後ではあまりIQ値は変わらないこともあるのです。IQは高いままなのに、日常生活にさまざまな支障を生じてしまう――高次脳機能障害が、理解されにくいゆえんでもあります。

知能検査の結果には、そういったさまざまな背景がありますので「知能検査の結果が知的能力だ」というのは、ある程度の不正確さを含んでいることがご理解いただけたかと思います。

IQは高いが要領の悪い子、IQは低いが要領のいい子

神経心理ピラミッドのモデルからみて、「情報処理」の層の能力がたとえ高くても、その上の司令塔である「実行機能」などが弱い人もいます。そういう人は、勉強は得意でも要領が悪かったりすることがあります。

逆に、「情報処理」の層の能力がたとえ低くても、その上の司令塔である「実行機能」などが比較的しっかりしている人もいます。そういう人は、勉強は苦手でも意外と要領がよかったり、気働きがしたり、何かと機転がきいたりする人にみえることもあります。ですので、知能検査で算出されたＩＱはたとえ低くても、要領がよくて、社会に出ても世渡り上手に生きられる人もいるわけです。

このように**IQは高いが要領の悪い子、IQは低いが要領がよい子、といった子どもの特徴は、知能検査だけではわかりにくい**とも考えられます。気働きする、機転がきくといった実社会に出て必要とされる要素は、知能検査ではなかなか測ることはできないのです。

また自閉スペクトラム症の方の中には、情報処理能力が高くてＩＱは高く出るのに、上の司令塔のところが少し弱く、印象としては要領があまりよくなく、社会ではうまく渡っ

ていくのが大変そうだったり、苦労しそうだったりする人もおられるでしょう。

検査結果を支援のヒントに

ここまでWISC検査は人の一部の能力を測っていることを説明しましたが、一方で勉強のつまずきの原因を探る上で有用な情報を得ることができます。ここでWISC検査の詳細を述べることは本書の趣旨と異なりますので、例えばどんなことがわかるのか、2つの事例を紹介しましょう。

時間内に課題やテストが終わらないYくん

小学生のYくんは、時間内に課題をこなすことが苦手です。クラスで一斉に計算ドリルなどの問題に取り組むと、いつも最後まで残ってしまいます。テストでは最後の問題にまでたどりつけません。

また授業中に、先生が書いた黒板の字も書き写すことができず、休み時間までかかってしまうことも。それでも終わらず、ノートが書き途中になってしまうこともしばしばあり

ケース　黒板の字を書き写すのが大変な子ども

ます。

Yくんが WISC の検査を受けたところ、とくに「処理速度」が低いという結果が出ました。それまで、Yくんのお母さんは、「授業中に何かほかのことに気を取られて書き写せなかったのかな。まじめに授業を受けていないのかな？」などと心配していたそうです。

しかし、まじめに授業を受けているのに課題がこなせないということは、「いったいどうしたらいいのか？」、また別の悩みが浮かんできています。

漢字や計算、先生からの指示が覚えられないMさん

小学生のMさんは、漢字や計算がなかなか覚えられません。覚えてもすぐに忘れてしまいます。また、先生から言われた指示を聞き取れず、周囲をキョロキョロ見回して、次に何をしたらいいのかを理解しようとする場面もよくあります。

また、文章を意味のあるかたまりで読めず、音読が苦手です。文章を読むことに気をとられて、内容が頭に入ってきません。文章の理解も苦手です。

Mさんの場合は、「ワーキングメモリ」が低いという結果が出ました。実は、Mさんにはそのほか、繰り上がりや繰り下がりの計算ができない、黒板が書き写せない、忘れ物が多い、といった困りごとがありました。

Mさんの場合は、「処理速度指標」の符号や記号探しは平均以上にできたのですが、「ワーキングメモリ指標」の数唱が苦手で、耳で聞いて覚える「聞く力」が弱いのでは、と推定できます。

そのほかの主要指標が低い場合の「困りごと」については、

- 「言語理解」が低いと、知識や語彙力が少なく、先生の指示がわからなかったり、人にうまく説明できなかったりする
- 「視空間」が低いと、視覚から得た情報をとらえることが苦手で、図や表、地図などの読み取りが難しい傾向がある
- 「流動性推理」が低いと、問題の概念を理解したり、論理的に考えたりすることが苦手

といったようなことが推測できます。

また全検査値ＦＳＩＱで、例えばＩＱ95と出たとします。95であれば平均の１００に近いので一見問題ないように思われるかもしれません。でも、行動上や学習上の困りごとがあるとします。その場合には、５つの各指標間の値や10種類の下位検査の値のうち、何かの項目の値が高くて、何かの値が低いといったばらつきが出ていないかをみて、発達障害などの可能性も視野に入れ、さらに追加の心理検査を行うこともあります。

これら以外にも、例えば子どもに以下のような困りごとが見られた場合、ＷＩＳＣの下位項目で何らかの得点の低さと関係していることもあります。

- 板書を書き写すのに時間がかかる
- 漢字や計算が覚えられない
- 先生の指示が聞き取れない
- 文章をスラスラ読めない
- 文章の理解が苦手
- 集中力が途切れやすい

そういった場合、心理検査を行った心理士からさまざまな見立てと学習上・生活上のアドバイスなどが提示されるかもしれません。

一方で、知能検査の結果を解釈する上での注意点もあります。それを次にご紹介します。

知能検査の注意点

まず、WISCの結果を具体的にどのように学習支援に結びつければいいのか、わかりにくい点です。

例えば「困りごとは、処理速度（あるいはワーキングメモリ）の低さが原因でした」とわかったとして、保護者や教師は具体的にどう対応したらいいのでしょうか？　処理速度が低いとなると「課題をこなすのに時間がかかる」というのはわかります。しかし、処理速度を向上させるための具体的な手立てまでは、なかなか見当がつかないと思います。また、ワーキングメモリが低いといっても、子どもの学習のどの部分のつまずきとどう関連しているのか、直感的に理解するのは難しいでしょう。

その理由として、実は**WISCなどの知能検査はそもそも学習の苦手箇所を見つけるために開発されたのではない**ことが挙げられます。あくまで、知能水準を客観的に測るために作られたものなのです。

知能検査の開発の歴史からみますと、19世紀半ば頃より、普通児と知的障害児を区別して知的障害児に特別な教育を受けさせる必要性が叫ばれ始めました。そんな中、フランスの心理学者アルフレッド・ビネーが、科学的手法で客観的に知能の程度を段階化した知能検査法「知的検査1905年法」を開発し、世界中で注目されることになりました。それに伴い、アメリカのルイス・ターマンが知能指数（IQ）を考案し、年齢ごとにIQが正規分布することを発見しました。その後、知能の程度はIQで区分されることになったのです。


これらからしてWISCなどの結果は知能水準を調べるのには有用なのですが、学習の困りごとを抱えている子どもに対して、各教科のどの部分にどう困っているのか、そしてどう具体的な学習支援を考案すればいいのか、という点までは、対応しきれていないのが現状なのです。

ですので、知能検査によって子どもに知的な問題があることがわかり、そのことで学習につまずきが生じている可能性を説明されても、「では具体的にどうすればいいのか？」

という問いに答えがなければ、保護者の不安を高めるだけで終わってしまうことも、場合によってはあり得ます。

さらに、知能検査では拾いきれないつまずきがある場合にも気をつけねばなりません。例えば学習障害では、定義上は知能に問題はありません。**学習障害は読み書き能力や計算力などの算数機能などが低下している発達障害のひとつ**で、学習に関する中枢神経機能がうまく働いていない状態にあります。

読むのが苦手、計算が難しいといった学習面でのつまずきがあったとしても、ＩＱが一定水準以上にあり、かつ下位項目に大きなばらつきが見られないようなことも皆無ではありません。すると、**学習障害を積極的に疑って調べていかなければ「問題なし」と判断されてしまう可能性も**あります。そうなると検査を受けたばかりに逆に支援から遠ざかってしまうこともあり得るのです。

また、学習障害でなくても知能の値が90以上あり、５つの指標でも10種類の下位検査でもどこも大きく低いところが見つからなければ、「この子は知的には大きな問題なし」と判定されることになります。それでも、何らかの困りごとがあるのだとしたら、保護者や学校の先生は、その先の手立てを考えることも難しくなってしまいます。
そういった例をご紹介しましょう。

知能検査では問題ないのに成績不良なSくん

小学生6年生のSくんは、6歳のときに自閉スペクトラム症とADHDの診断を受けています。6歳当初は、粗大運動（座る、立つ、歩くなどの、生活していくときに必要な動作）や書字に課題がある、不注意が目立つ、集団行動が難しい、音に過敏に反応する、などの症状が認められましたが、現在はそれらの問題はほとんど見られなくなりました。

知能検査（WISC-Ⅳ）の結果は、全検査97、言語理解105、知覚推理98、ワーキングメモリ91、処理速度94であり、大きな問題は認められませんでした。それなのに学校の勉強にはついていけず、成績もよくありません。

そこで第3章で紹介するコグトレ（認知機能強化トレーニング）の課題シートを実施してもらうと、次のようないろいろな課題が見えてきました。

・ケアレスミスの多さ（「記号さがし」の課題）

・数のまとまり（量）の概念の未獲得（「まとめる」課題）
・図形の認識が難しい（「黒ぬり図形」の課題）

Sくんの場合、認知機能のいくつかに弱さがあると思われました。知能検査だけではこういった弱さを拾いきれないこともあるのです。ここで、注意しなくてはならないのは、**知的には問題ないのに勉強についていけない、となると、家庭の問題、やる気の問題などと憶測されてしまう**ことなのです。

私がこれまで関わってきたケースでも、Sくんのように知能検査を受けると90以上のスコアなのに、学校の勉強にはついていけないという子どもは少なくありません。**知能検査によって一部の学習能力の水準は測れますが、一方で学習に関連した困難さを測りきれないこともある**のです。そういった場合、知能検査に追加して評価できるツールがないと支援方針に苦慮することも多々あります。

家庭や学校でできる発達の見立て

ここまで、知能検査の代表例としてＷＩＳＣをご紹介してきましたが、知能や認知機能を評価する専門的検査は、ほかにも数多くあります。

知能検査でいうと、ビネー式知能検査、ルリアの神経心理学モデルから作られたＤＮ－ＣＡＳ認知評価システム、ＫＡＢＣ－Ⅱなどが代表的です。発達検査では新版Ｋ式発達検査、認知機能検査ではフロスティッグ視知覚発達検査、実行機能をみる日本版ＢＡＤＳ遂行機能障害症候群の行動評価、そのほかにも記憶検査や注意検査など、対象や目的に応じてさまざまな検査があります。

これら専門的検査を受けて、少しでも子どもの特性を把握するに越したことはないのですが、検査を受けることができ適切に評価してもらえる機関（医療機関や発達相談センター、教育センターなど）は限られますし、時間も労力もかかります。また、わが子の発達が気になっていたとしても、学習が少し気になるかなといった程度であれば、医療機関まで検査を受けに行く決断がつかないかもしれません。一方、学校現場で気になる子どもがいても、どこかの機関で検査を受けてもらうには保護者への説明と同意を得る必要があります。

そこで、子どもの発達が気になりつつも、専門的検査を受けさせるには少しハードルが高いという保護者や先生に向けて、簡単な発達の目安となる方法をご紹介します。ただあくまで目安ですので、気になったら専門機関にご相談ください。

図形の模写から判定する発達年齢の目安

①正方形、三角形、ひし形、星形が描ける年齢の目安

子どもに、次のような正方形、三角形、ひし形、星形を、見本を見ながら描いてもらいましょう。下の形にいくほど難易度が上がります。

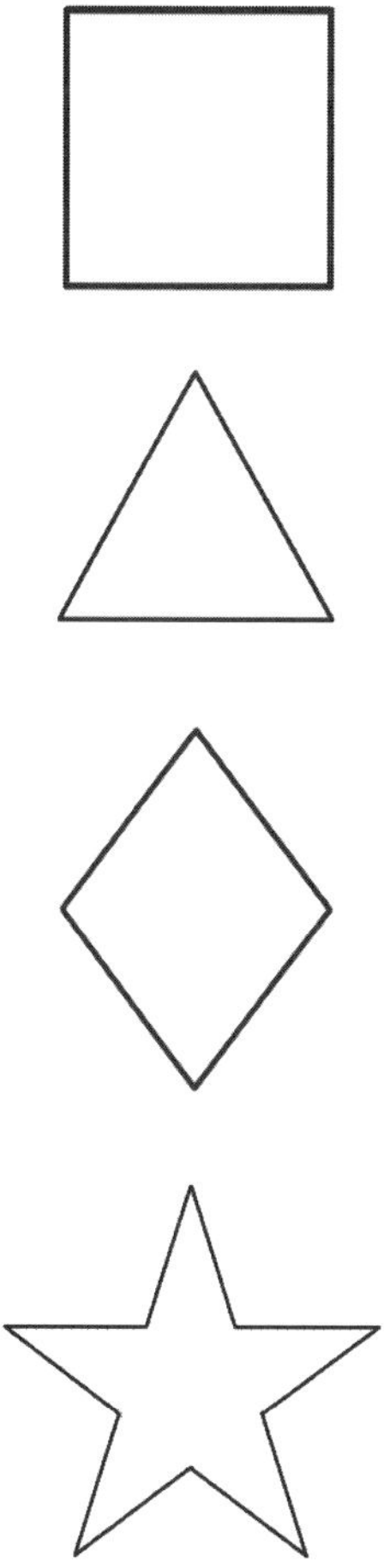

これらがうまく書けているかをチェックします。ポイントとしては、角が丸くなっていないか、縦横の長さの比率が大きく違っていないか、直線が曲がっていないかなどを見てみます。

平均的な発達過程にある場合、**正方形は4～5歳、三角形は5～6歳、ひし形は7～8歳くらいまでに書けることが目安**です。**星形には年齢の基準はありませんが、先が丸くなっていないかをチェック**しましょう。

これらが描ければ、さらに立方体や蜂の巣も描かせてみましょう。

②立体図や蜂の巣が描ける目安の年齢

立方体や蜂の巣は8～9歳くらいまでに描けることが目安です。

立方体は奥行きがつかめないと、単に四角形が集まっているようにしかとらえられず、①～③のような図を描きます。④～⑥は見本を立体的に見てはいますが、④は上の面がとらえられず、下から見たような角度になっています。⑤や⑥は上面や下面がうまく認識できずに、五角形や三角形になってしまっています。

立体図の見本

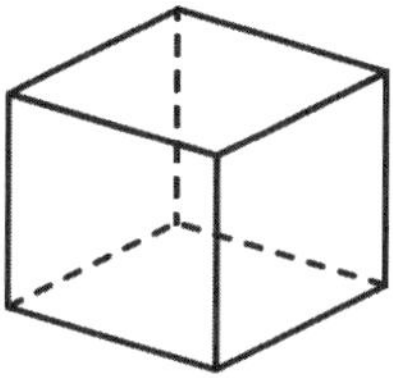

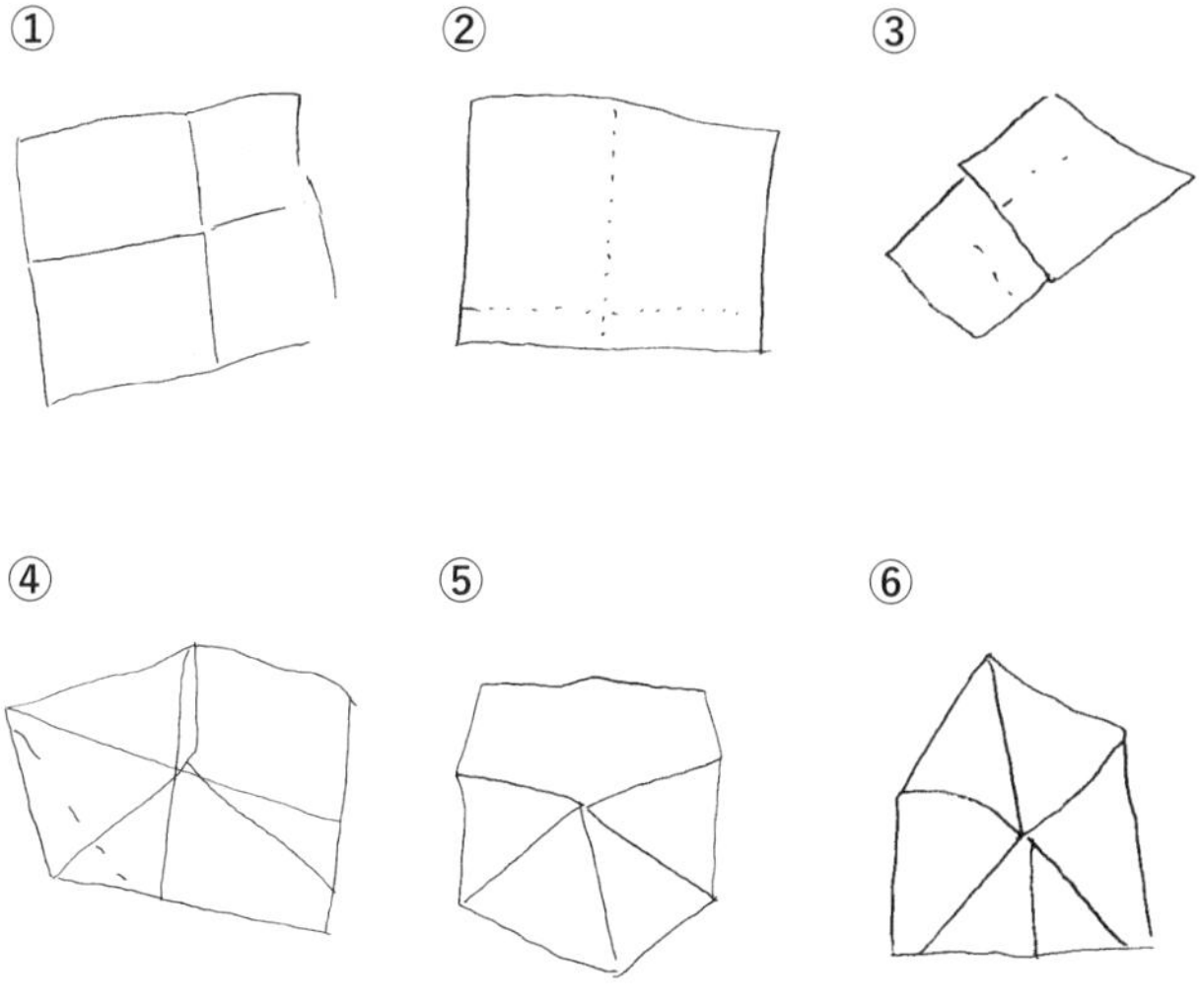

（教育相談や診察室などで子どもが描いたものを著者が再現）

蜂の巣は、六角形の集合体の模写ですが、これをうまく描くには、まず六角形が集まっていること、そして六角形の各辺が共有されていることを理解する必要があります。その2つが理解できていないと、蜂の巣に見えない図を描いてしまいます。六角形が模写できないと、①のように角が丸い石ころのような形になったり、②のようにカニの爪のような形が混ざったり、③のようにひし形になってしまいます。④～⑥は、六角形はわかっていますが、各辺が共有されずに隙間ができています。

数や単語、短文の復唱で「聞く力」をチェック

①数の復唱

数字をランダムにゆっくりと、例えば「3、6、9、2」などと1秒間隔で読み上げます。子どもにはその数字を順番通りに復唱させます。

6～7歳までに5桁、9～10歳くらいまでに6桁が復唱できるかが、平均的な発達過程にある目安とされます。また、**逆順に読みあげる「逆唱」では、8～9歳では4桁の数字**が言えればいいでしょう（先の例では「2、9、6、3」となります）。

蜂の巣の見本

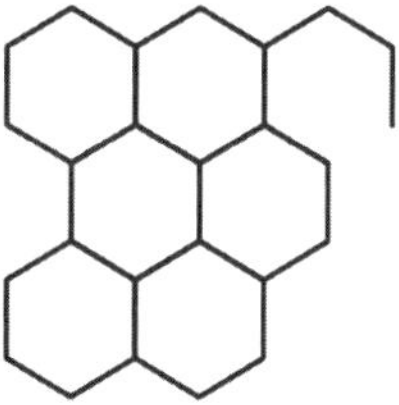

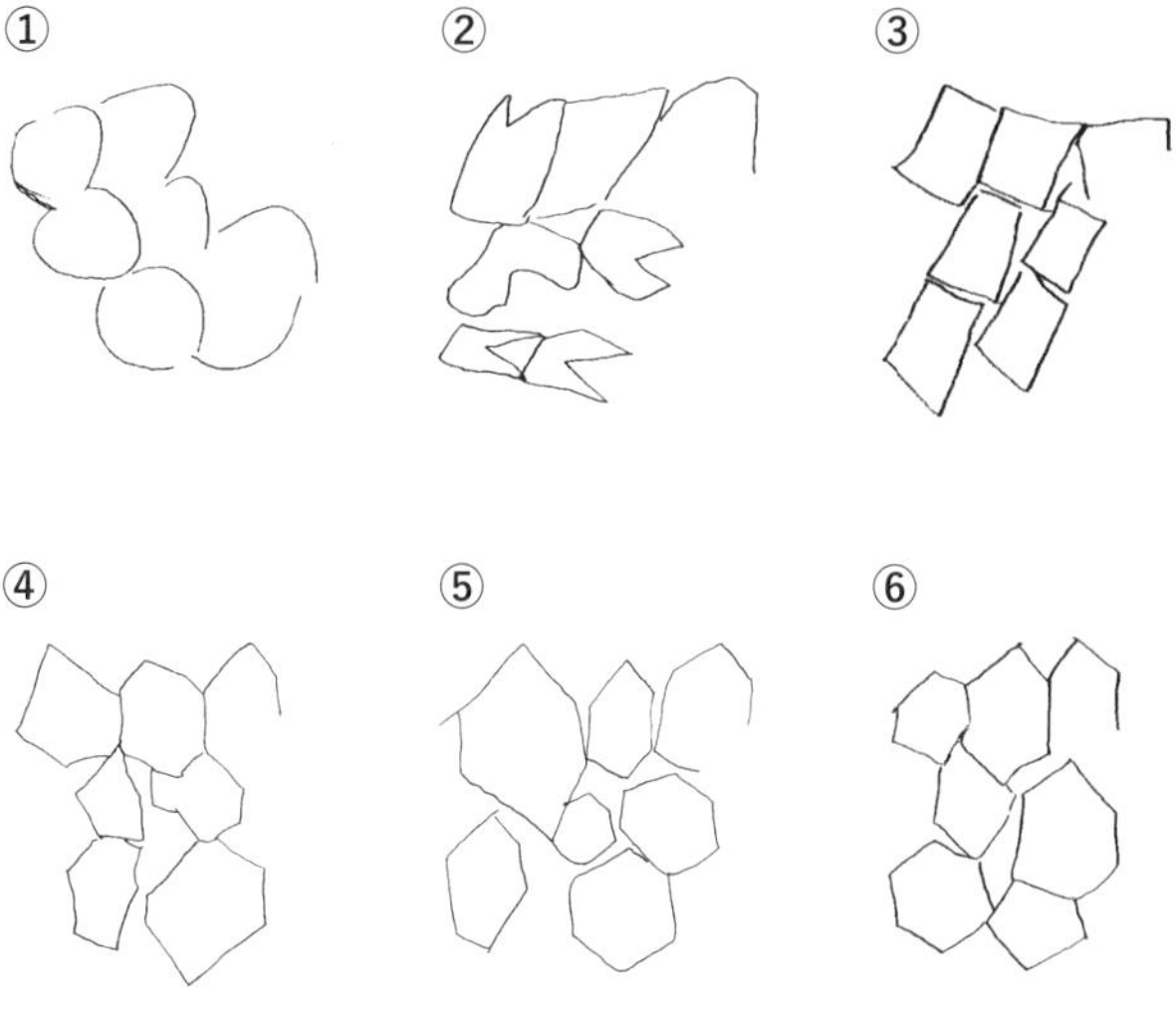

（教育相談や診察室などで子どもが描いたものを著者が再現）

②単語の復唱

それぞれが関係のない単語をゆっくりと1秒間隔で、例えば「リンゴ、青、消しゴム、クマ」**などのように読み上げ、何語まで同じ順番で正確に復唱できるかをチェックします。9歳までに4語、それ以上の年齢では5語以上言えることが目安**です。

③短文の復唱

意味のない短文、例えば「色エンピツはハサミをコブタにした」「飛行機は花畑をピンクにした」などのように意味をなさない文章や、「算数の教科書の15ページの3番の問題を解いてください」といった短文を読み上げ、復唱させてみます。これらを復唱できない子どもは、日常生活で指示が聞き取れていない可能性があります。

どの程度まで聞き取れているのか、例えば「算数の教科書の15ページ3番をやってください」と言い換えてしまうのか、「算数のドリルの15ページ……あれ？」と最後まで聞き取れていないのかなどを確認してみましょう。

確認することで、**子どもがあまり聞き取れていないことがわかったら、指示を出すときには長い文章ではなく一文を短めに、一度にいくつも指示を出さないなど、大人が配慮す**

る**必要**があります。

聞き間違えの多いNさん

小学生3年生のNさんは、授業中は背筋を伸ばして、おとなしく先生の話を聞き、落ち着いた授業態度で臨んでいます。それなのに、先生が言ったことを覚えていなかったり、すぐに聞き返したりしてきます。聞き間違いも多く、例えば、「加藤さん」と「佐藤さん」、「2時半」と「4時半」などを間違え、また、「コアラ」を「コワラ」と覚えていました。

先日は、先生が「あさっての朝は体育館に集合してください」と言ったのを間違えて覚えて、翌日の朝にひとり体育館に登校してしまいました。

聴力検査で問題がなくても、Nさんのように言葉の聞き取りに困難を示す子どもがいます。Nさんは、耳の機能的な働きには問題はないのですが、脳で言語を処理する「聴覚認知」が苦手なのかもしれません。学校では、主に視覚情報と聴覚情報を組み合わせて学習しています。聞き取りが苦手だと、先生や友達の話している内容が理解できず、指示とは違うおかしな行動に出てしまうことがあります。

聞き取れるのは、2語文、3語文、それ以上？

小学生でも学年が上がるにつれ、子どもたちは先生の口頭による説明だけで行動できるようになります。例えば、「今度の合唱の朝練は、体育館で行います。ランドセルや荷物は持ったままでいいです。あさっての朝は体育館に集合してください」という先生の指示について、Nさんは最後のほうの「朝は体育館に集合……」くらいしか聞き取れていなかったのでしょう。

聞く力が弱い原因としては、言語性のワーキングメモリ（60ページ）**が弱い**ことも考えられます。これが弱いと長々としゃべられたときに、最初のほうに聞いたことが容量オーバーであふれ出てしまう（記憶に残らない）ことがあるのです。

では、先ほどのNさんはどれくらいなら聞き取れるのでしょうか。

2語文、3語文、それ以上なのか？　もしも2語文、3語文なら、**指導や約束は短く伝えることです**（「あさっての朝、体育館に集合ね」）。あるいは、言葉をいくつかに分けてみたり、本人にも復唱してもらったりして理解しているかを確認します。

「あさっての朝」「体育館」と**キーワードを黒板に書き出して、視覚的にわかりやすく説**

明するのもいいでしょう。

なお、指示通りにできなかったとしても、「ちゃんと聞いてなかったの!?」「どうしてみんなと同じように行動できないの」などと**叱責するのはNG**です。子どもを萎縮させるばかりでなく、覚えていなくても覚えたふりをしてしまうなど、余計にその子の課題がわかりにくくなりますので、注意してください。

子どもの学習の困難さが保護者に共有されない理由

教室を飛び出す、すぐにキレる、忘れ物が多い、といった行動面で問題のある子どもは目立ちやすく、先生にとって「保護者と情報共有をしよう」「すぐに対応しなくては」という必要性を感じるはずです。教室を飛び出す子を放っておいて授業を進行することなどできませんし、荒れた子どもを放置していては落ち着いた学級運営などできないでしょう。

一方、いつもじっと座ってしっかり授業を受けている子に、次のような学習のつまずきがあった場合はどうでしょうか。

- 黒板に書かれた文字、記号、図などがノートに正確に書き写せない

・写しているがノートの罫線やマスに沿っては書けない
・漢字が覚えられない、書き取りができない
・算数の問題で計算ミスが目立つ
・学級全体に話しても、聞き漏らしが多い
・ゆっくり考えればわかることでも、あわてて取り組んで誤答が多い
……

これらは学級運営上、なかなか見えにくく先生がすぐに困ることでもありません。その場合、先生は保護者と問題を共有することなく、「様子を見よう」となってしまうことがあります。個別に指導したいと思っても忙しくて時間がとれなかったり、先生自身が具体的にどう指導したらいいのかわかりにくかったりするからです。

今、私はある自治体で教育相談を続けていますが、学習に何らかの困難さをもっていても、指導や支援につながっていない子どもの多さに驚いています。専門機関（医療機関や発達相談センター、教育センターなど）も少しずつ増えていますので、子どものことで気になったら、先生と相談の上、専門機関を受診するなど一考されることをお勧めします。

第3章

教科学習の前になぜ認知機能が大事なのか？

5つの認知機能が「学習の土台」になる

この章では、**認知機能の大切さと、認知機能を強化する具体策**について紹介していきます。認知機能は専門家によってさまざまな定義がありますが、本書では、**①記憶、②言語理解、③注意、④知覚、⑤推論・判断（想像する力）**の5つからなるとしています。簡単にいえば、見たり、聞いたり、見えないものを想像したりする力で、人がよりよく生きるために必要な能力といえるでしょう。

この5つの認知機能は、日常的に学校生活でもどこでも使われますし、次の図のように、いわば「学習の土台」にもなっています。5つのうちの1つにでも弱さがあれば、情報をうまく取り込めないので、学習のつまずきにつながってしまいます。

では、認知機能が学習の土台となっている簡単な例を示しましょう。例えば、授業中に先生がこんな問題を口頭で出したとします。

「**みなさん、注意して聞いてくださいね。Aくんはリンゴを5個持っています。3個あげると、Aくんの持っているリンゴは全部で何個になりますか?**」

学習を支える5つの認知機能

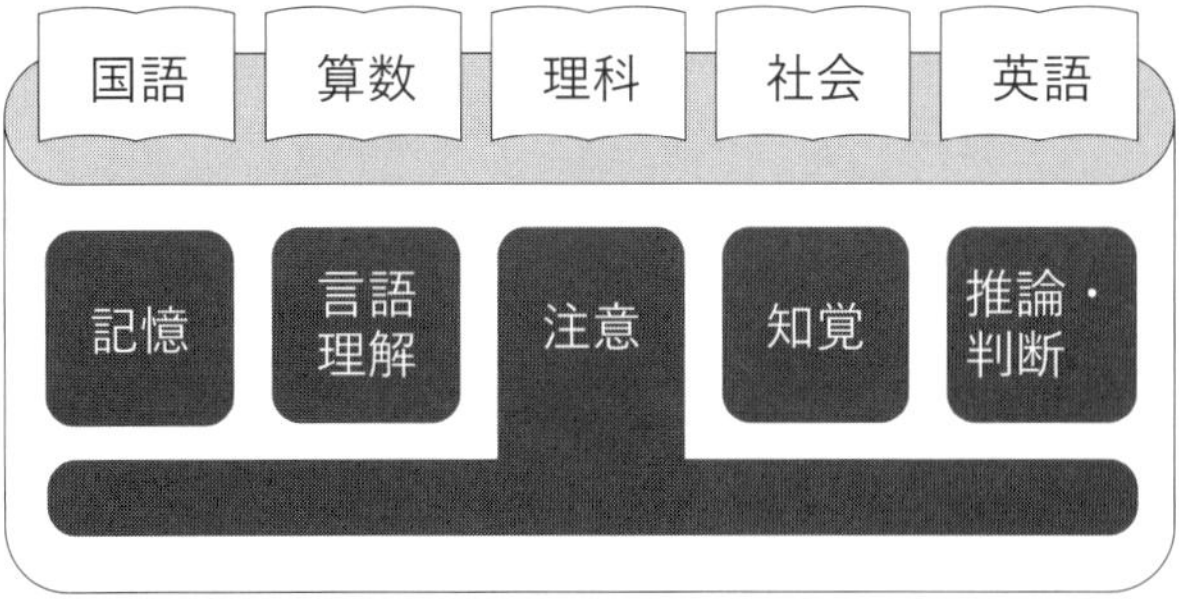

注意機能は、すべての認知機能の土台ともなっている

これに答えるには、まずは先生の話に「**注意**」を向けることが必要です。ボーッとしていたり外を見ていたり、眠っていては聞き取れません。

次に、先生の話したことをしっかり聞き取って「**知覚**」し、個数を忘れないように「**記憶**」します。また、先生の話した問題の「**言語理解**」も必要です。そうして答えを考えていきますが、暗算するためにはほかに考えごとなどせずに、計算に「**注意**（**集中**）」する必要があります。

さらに、この問題では2通りの解釈ができます。

「リンゴを5個持っていて、誰かからさらに3

先生が出した問題を解くにはすべての認知機能が必要

個をもらったのかな?」

「リンゴを5個持っていて、誰かに3個をあげたのかな?」

いったい先生はどちらを意図したのか「**推論・判断**」する必要があります。つまり、先生が口頭で出した問題を解くためには、5つの認知機能をフル回転させなければなりません。

もしも5つのうち1つにでも弱さがあれば、この簡単な問題を解くことはできません。各教科科目はもっと高度です。**学習につまずきを抱える子どもは、認知機能の働きのどこかに、または複数に弱さをもっている可能性**があるのです。これが認知機能の大切さのゆえんといえるでしょう。

黒板や漢字の書き取りが苦手なJくん

中学生のJくんは、学校の勉強についていくのがしんどいです。

小学生の頃から黒板に書かれた文章をノートに書き写すことが苦手でした。1文字ずつ黒板とノートを交互に見ながら必死に写しても、先生が白いチョークで書き足していくと、

見本

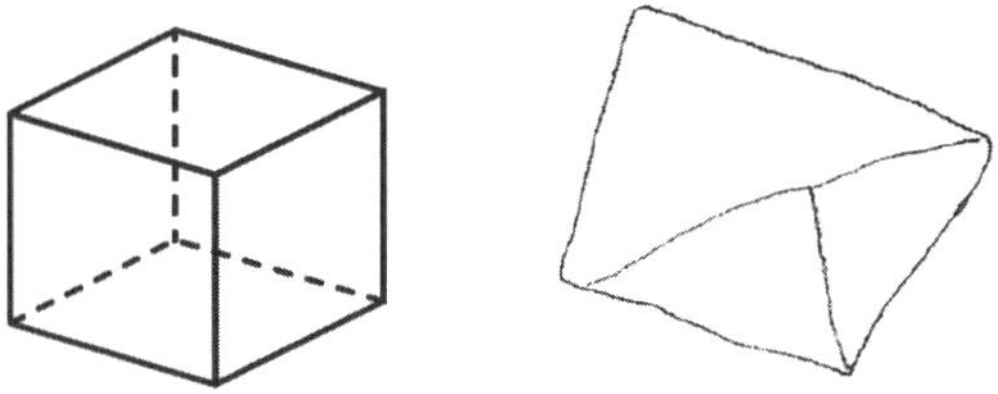

どこまで写したのかがわからなくなってしまいます。書き間違いが多く、文字がばらついてまとまりがありません。何度も書き間違えては消して直します。

そもそも、漢字を覚えることや書くこと自体も苦手です。

上の図は、Ｊくんが見本の立方体を見ながら写したものです（立方体はだいたい８〜９歳くらいまでに描けることが目安です）。

まだ奥行きがつかめていないために、立方体ではなく三角形が集まったような図になってしまいました。これを見れば、写す力が弱いのはわかります。写すためには、形を認識・把握し描写できる「**視覚認知の基礎力**」が必要です。これはさきほどの分類でいえば「**知覚**」に当たる力です。

彼は、決してふざけて描いたわけではなく、「あれ？」

と言いながら一生懸命にやっていました。その様子を見たときに私は、中学校の難しい教科学習以前に、このような立方体がしっかり描けるような力、つまり**「学習の土台」づくりが必要**ではないか、と感じました。

簡単な図の模写もうまくできないのに、方程式を解いたり、英語を覚えて書いたりするのはJくんには、かなり難しいと容易に想像がつくと思います。

基礎体力づくりに相当する「認知機能の強化トレーニング」

私が行っている小学生の子どもたちの教育相談では、「授業についていけない」「先生の指示を聞き取れない」「計算が苦手」「文章が読めない」「漢字が覚えられない」など、発達や学習の遅れに関する内容がほとんどです。付き添いで来られる保護者の方々はなんとかできるようにならないかと、情報収集したり、さまざまな教材を試したりしているのですが、そもそもできない理由や方法がわからず、「どうして勉強ができないのだろう?」と困っている方々が多いです。

では、いつから学習の遅れがみられるかというと、だいたい小学2、3年生が多いようです。そこで子どもに知能検査を行ってみますと、結果、たいていは境界知能（中にはまれに軽度知的障害）であることが多いです。そしてそういう子どもによく見られるのが、やはり**見たり、聞いたり、集中したり、覚えたり、想像したりといった「学習の土台」がしっかりしていないケース**です。そこに計算や漢字ドリルなどいくら教科学習をさせてもなかなか定着せず、子どももきっと苦痛で、自信を失っていっているケースも多くあります。**体育にたとえるなら、基礎体力がついていない子どもに苦手な鉄棒や跳び箱を練習させても、上達しづらい**というのに似ています。

そういった状況を保護者の方々にご説明しますと、

「この子が授業中ぼんやりしているのは、授業が理解できていないからなのですね」

「勉強が苦手なのは、やる気がないせいだと思っていました。努力が足りないと叱って、かわいそうなことをしました」

なかには、これまでの子どものつらさに思いを馳せ、その気持ちに寄り添ってあげられなかったことに後悔の涙を流される方もいます。

そして決まって、こんな質問を投げかけられます。

「見る力の弱さがあるというのはわかりました。ではどうしたらいいでしょうか？」

「学習の土台」がしっかりしていないと
教科学習は定着しない

学習の土台＝認知機能

その質問に応えるべく開発されたのが、これから説明する学習面の「コグトレ」である認知機能強化トレーニングです。

認知機能強化トレーニング「コグトレ」

今から15年ほど前でも書店に行くと「見る力」「聞く力」を育てるといった教材や書籍はありました。しかし統一感がなくバラバラで包括的に学習に必要とされる認知機能の力をつけさせるものではなかったり、あるいはパソコンを使用したとても高価な学習ソフトやオンライン教材だったりと、誰もが気軽に使えるものが見つかりませんでした。そこで、「これはもう自分で教材を作るしかない！」と決心したのです。

それからもてる時間のほとんどを教材づくりに費やし、構想し始めてから完成するまでに5年を要しました。できたのは手作りの800枚のプリントでした（のちに、そのプリントは『コグトレ　みる・きく・想像するための認知機能強化トレーニング』〈三輪書店〉として刊行してもらえることになりました）。

それが今、**「コグトレ」と呼ばれる、困っている子どもたちへの包括的支援プログラム**の原型です。コグトレとは、「認知機能」（Cognitive Function）と「トレーニング」（Training）を合わせたものの略称です。現在、このコグトレは、主に小・中学校を中心に多くの教育機関で取り入れられています（コグトレの具体的な課題については、108ページから紹介していきます）。

子どもの知能ではなく認知機能に着目

ここで、そもそも「認知機能」に着目するようになったきっかけについてお話ししておきたいと思います。

私は大学病院で研修医をしていた際に、60代のアルコール性認知症の患者さんを担当しました。そのときに記憶力や判断力を測定する認知症の検査について、時間があったので附属の図書館にこもり独学していました。立方体の模写やレイ複雑図形検査など、数多くの認知機能に関する検査に魅了され、のめりこみました。

その後、公立の精神科病院に児童精神科医として勤務することになり、そこでは主に発達障害のお子さんを診ていました。診察中にふと、「この子たちに立方体やレイ（複雑図形検査）の図を描いてもらったらどうなるのかな」と思い、模写してもらったことがありました。全くの思いつきで、子どもに認知機能検査を試したのですが、うまく描けない子が続出したのです。まさに目から鱗が落ちる思いでした。そのときに、**粗暴行為など不適切な行動があり困っている子どもの背景には、認知機能に弱さがある可能性**が潜んでいることに気づいたのです。

当時、私が勤務していた精神科病院では主に発達検査や知能検査、行動観察を行い、発達や知能の水準、発達障害の程度などはほぼ全ケースで把握されていましたが、その後は心理社会的アプローチや行動療法的アプローチに移ることがほとんどで、個々の認知機能を確認するまでは行われていませんでした。

そして、私は精神科病院のあと、医療少年院に勤務するようになります。そこでも少年たちに図の模写を試してみたところ、大半の少年たちが正しく書き写すことができません。模写どころか、丸い円を三等分にできない少年たちも少なくなかったのです（この話は拙著『ケーキの切れない非行少年たち』〈新潮新書〉で詳しく述べています）。

模写で知る、少年たちの見えるゆがんだ世界

少年たちが模写した絵は、どうしたらこう見えるのだろうと思うほど、示した図形とずれていました（次ページ参照）。私は、彼らにはこの世界がこんなふうにゆがんで見えている可能性があるのか、と衝撃を受けました。

描いてもらった絵は、レイ複雑図形検査という課題です。検査・採点法はいくつか提案されていますが、描く順番で計画性やそれを実現する「実行機能」、複雑な図形の特徴をとらえて再現する「構成力」、そのほか「注意力」などを調べることができます。

少年鑑別所では、その少年の知能や発達特性を把握するために、集団式の知能検査や自記式心理検査を行ったりしますが、それだけでは、少年たちのもつ認知機能の弱さまではなかなか気づくことはありません。

精神科の診察室や医療少年院、自治体での教育相談などで、図の模写がうまくできない多くの子どもたちや少年たちと出会ってきたことが、認知機能の強化トレーニング「コグトレ」を考案するきっかけになりました。

レイ複雑図形検査の課題図

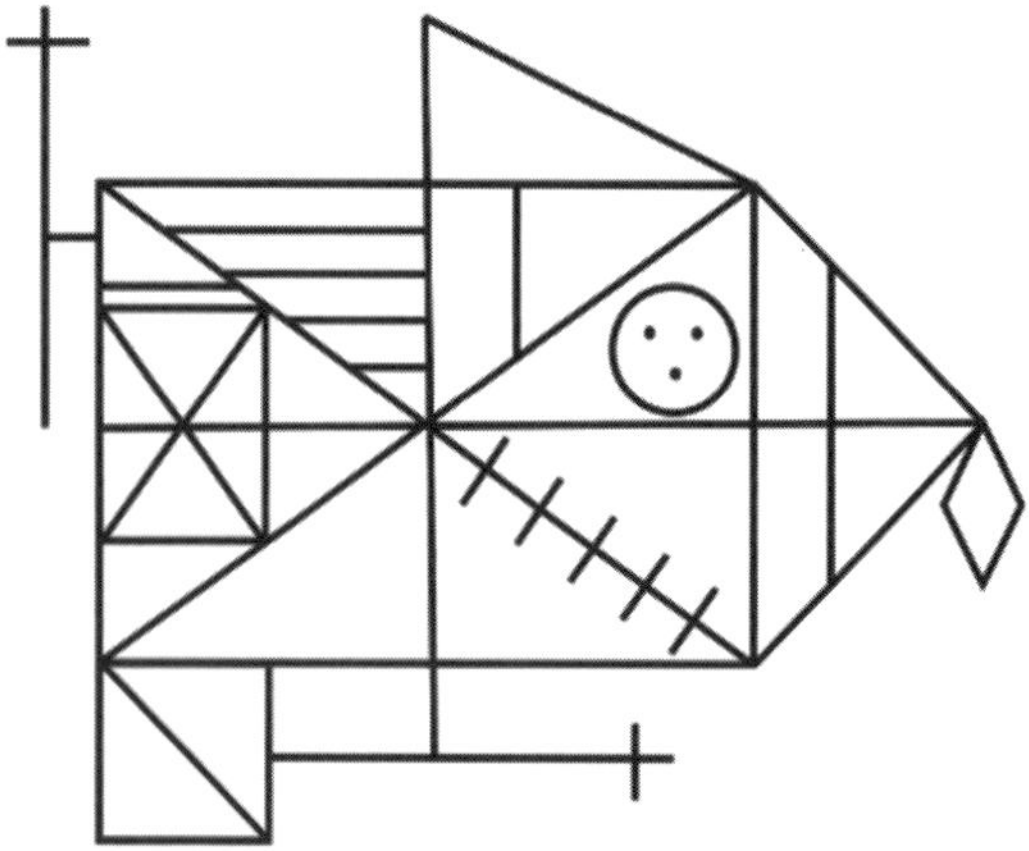

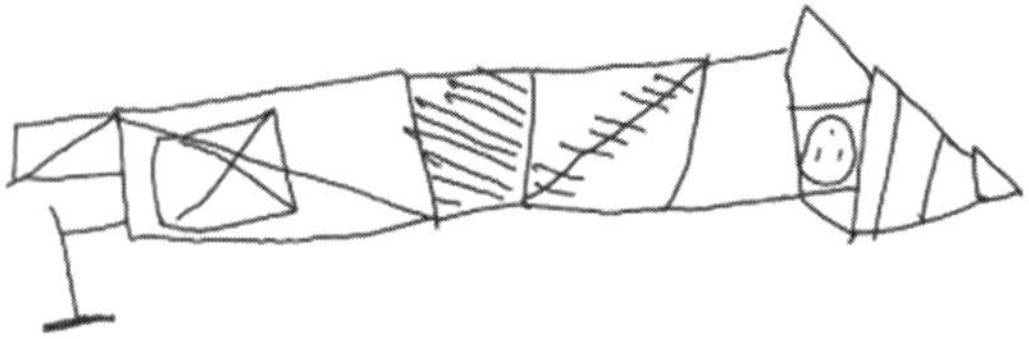

（下は、少年が描いたものを著者が再現）

出典：『ケーキの切れない非行少年たち』

コグトレは成績やIQアップの教材ではない

コグトレは認知機能の①記憶、②言語理解、③注意、④知覚、⑤推論・判断（想像する力）に対応する、**「覚える」「数える」「写す」「見つける」「想像する」力をつける5つのトレーニングから構成されます**（次ページの図を参照）。

誤解のないように強調しておきますが、コグトレは学校の成績をぐんと上げたり、IQを上げたりするために作られた教材ではありません。

認知機能の弱さを抱えながら、教科学習の知識を積み上げていくのは大変なことです。学年が上がるにつれて、特に小学3年生を超えたあたりから学習内容は複雑になり、抽象度も増していきます。

コグトレの認知機能強化トレーニングは、あくまで学習の土台づくりを目的としています（先述したように、運動でいう「基礎体力」のようなものです）。図が写せないから写せるように練習する、数が正確に数えられないから数えられるように練習する、覚えるのが苦手だから覚える練習をする、ということなのです。その結果、テストの点数が上がることがあり得ますが、それを目的にしたものではありません。

5つの認知機能とトレーニング

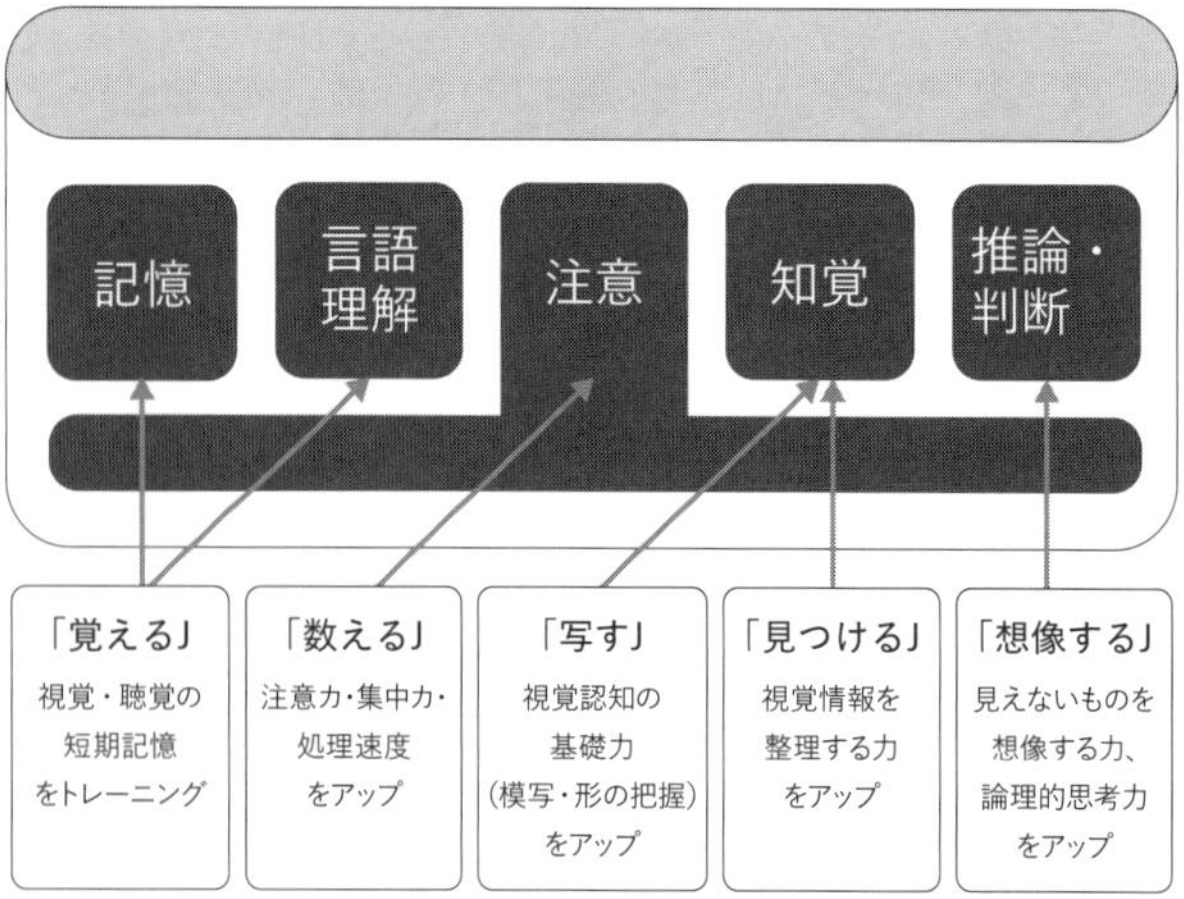

また、ＩＱ（第2章で説明した知能検査で算出する知能指数）は、知能の一部を測った結果にすぎません。一方のコグトレは、学習のみならず生活する上でも欠かせない、幅広い認知機能を強化するものです。知能検査で測る一部の「知能」と、コグトレが対象とする生活全般に必要な「認知機能」はそもそもターゲットが違うことも補足しておきます。

コグトレには、全くのオリジナルの課題もありますが、内容はそもそも目新しいものではありません。もともと認知機能を強化するトレーニングは、主に欧米で開発され、使用されてきた経緯があります。そういったトレーニングを調べ、それらを子どもたちが使いやすいように分類し、まとめ、さらに追加して自作してできたものです。

例えば、「覚える」力（中でも「聞く力」）を伸ばす「最初とポン」という課題は、リスニングスパンテスト（listening span test）というものを参考にしました。これは、文章をいくつか聞かせ、各文章の最初の単語だけを順番通り記憶し、かつ、その文章が正しいか間違っているかを答えさせる課題です。文章の正誤判定の代わりに、動物や色、食べ物などの名前が出てきたら手を叩くように改変しました。

点と点を線でつないでいく「点つなぎ」課題は幼児用の知育教材には必ず載っているものです。コグトレではそれを応用し、模写にさらに回転要素も取り入れた「くるくる星座」や「ゆれる点つなぎ」などがあります。

自作教材が学会発足につながる広がりへ

また当初は、目の前にいる認知機能の弱さを抱える非行少年たちが社会に出て困らないように、そして再非行させないために作っていた教材です。その後、教育関連の講演会などで非行少年への取り組みについて紹介していると、学校の先生を中心にコグトレを学校でも使ってみたいという要望を数多くいただくようになりました。そこで２０１４年に広島大学と共同でコグトレ研究会を立ち上げ、２０１５年に大阪において、実際にコグトレを体験してもらう第１回ワークショップを開催するに至ります。それが思いのほか好評をいただき、高知、静岡、神奈川、大阪、広島などの全国各地に地域研究会が誕生しました。

コグトレへの需要が高まるにつれ、事務局を有志がボランティアで行う状況に限界が生じ、２０２０年４月には「一般社団法人日本ＣＯＧ－ＴＲ学会」という法人の組織に一新しました。現在は、日本全国12の研究会と８００名ほどの会員で構成されています（２０２３年７月現在）。学校の先生を中心に、心理や福祉、医療や司法などさまざまな分野で活動する方々が会員としてご参加いただいています。最初は一人でコツコツと始めた教材づくりでしたが、それが思いのほか多くの方々に活用してもらえる状況になりました。

学習面のコグトレの狙い

ここまで、主に**「学習面のコグトレ」**（**認知機能強化トレーニング**）をご紹介してきましたが、ほかにも対人スキルの向上を目的とする**「社会面のコグトレ」**（**認知ソーシャルトレーニング**）、身体面の不器用さの改善を目的とする**「身体面のコグトレ」**（**認知作業トレーニング**）があります。学習面・社会面・身体面の3方面から、子どもを支援する包括的なプログラムです。

本書では、お子さんが学習のつまずきに困っておられる保護者の方々に、「学習面のコグトレ」にしぼって話を進めていきます。学習面のコグトレを構成する5つの要素**「覚える」「数える」「写す」「見つける」「想像する」の順**に、その狙いを説明し、あわせて、そこでターゲットとする認知機能や事例なども紹介していきます。

①「覚える」力を伸ばす狙い

記憶には視覚や聴覚といった感覚器から入った情報を記憶する短期記憶と長期記憶があります。「覚える」コグトレでは、**視覚・聴覚性の短期記憶と文章理解のトレーニング**を行います。それによって、指示や説明を理解するために欠かせない「見る力」と「聞く力」を伸ばしていきます。

［課題］

【1】視覚性の短期記憶

「何があった？」（**図形記憶**）

ある図形を提示し、それを記憶させてから隠し、白紙などに再現してもらいます。視覚性の単純短期記憶をトレーニングします。

「〇〇はどこ？」（**位置記憶**）

「何があった?」(図形記憶)

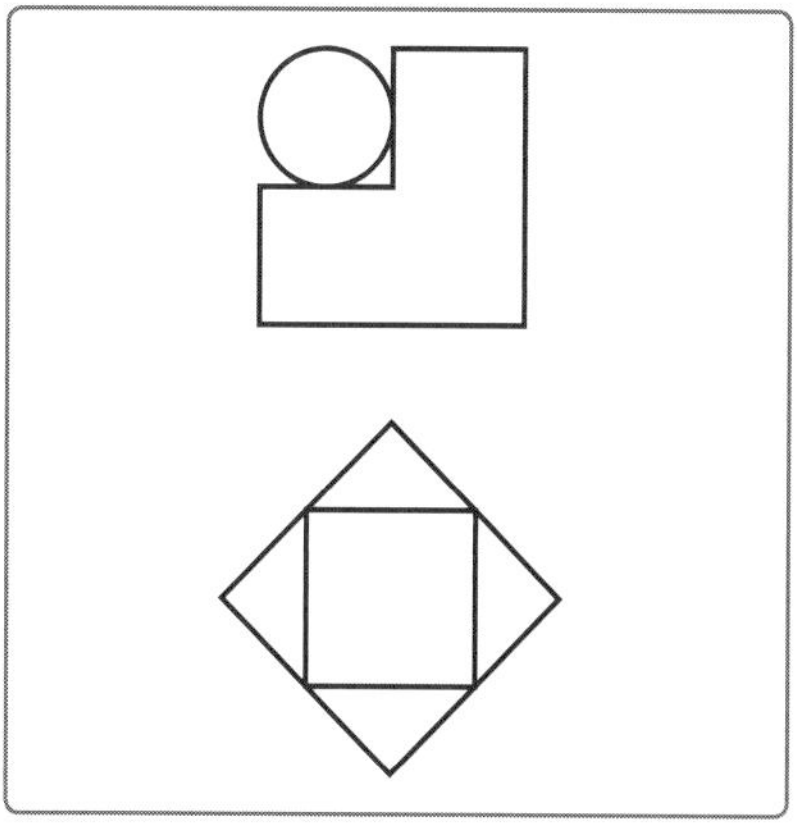

「○○はどこ?」(位置記憶)

し			
		9	
6	た		
		ぬ	

出典:『医者が考案したコグトレ・パズル』(小社刊)

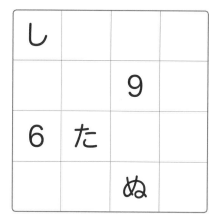

○○に入るのは、数字、文字、数字と文字、記号などです。4×4のマス目にさまざまな図形や記号、文字や数字が不規則に配置された1~5枚の課題シートを提示し、出てきた順番に記憶させ、解答記入シートに再現してもらいます。視覚性の単純記憶と視空間ワーキングメモリをトレーニングします。

【2】聴覚性の短期記憶と文章理解
「最初とポン」「最後とポン」

複数の言葉を順番に覚えることで聴覚（言語性）ワーキングメモリをトレーニングします。例えば、先生から「計算ドリルの30ページを開いて2番目の問題をやってください」と言われたときに、「計算ドリル」「30ページ」「2番目」といった言葉を順に覚えられる力につながります。

「最初とポン」という課題では、出題者が3つの文章を読みあげ、子どもに最初の単語だけを覚えてもらいます。ただし、動物の名前が出たら、文章を読みあげ中に手を叩いてもらいます。覚えた最初の単語は紙に書いてもらいます。

「聞く力」で大事な聴覚(言語性)ワーキングメモリ

【例】「最初とポン」

コロはぼくの飼っている**イヌ**の名前です。
しっぽが見えたので、コロかと思ったら**タヌキ**でした。
山には、昼寝をしている**キツネ**がいます。

この場合、覚えてもらうのは、「コロ」「しっぽ」「山」で、傍線の「イヌ」「タヌキ」「キツネ」で手を叩くのが正解です。

「何が一番」

文章を理解して覚え、問いに答えることで、文章理解力と聴覚（言語性）ワーキングメモリをトレーニングします。ここでは「最初とポン」「最後とポン」（最後の単語だけを覚えてもらう）よりも、文章を完全に理解して覚える必要がありますので、人の話を聞き、指示が理解できる力を養います。

次のような文章を出題者が読みあげ、子どもに正しい答えを考えてもらいます。

【例】「何が一番？」

おやつを買いに行きました。ケーキはドーナツより高く、たいやきはドーナツより安いです。一番高いおやつは何ですか？

答えは「ケーキ」です。答えがわかりづらい場合には、関係性を図示したり、子どもにメモをとらせたりして考えてもらいましょう。

「何が何番？」

「何が一番？」よりも難易度が増します。このトレーニングにより人の話を理解する力を養います。

【例】「何が何番？」

黒、白、茶色の3匹のイヌがいます。黒いイヌは白いイヌよりも小さく、茶色いイヌは白いイヌよりも大きいです。2番目に大きいイヌは何色ですか。

答えは「白いイヌ」です。難しい場合には、何度か問題を読みあげ、登場したものや関係性をメモしてもらいます。

「覚える」が苦手だとどうなる？

93ページで、「黒板や漢字の書き取りが苦手なJくん」を紹介しました。見て「覚える」ことが苦手だと、黒板をノートに写すときに、覚えられる情報量が少なかったり、保持できる時間が短かったりすると、何度も黒板を見ないといけなくなります。また、英単語や歴史の年号を何度も書いて覚えても、次の日には忘れてしまい、知識になりません。

聞いて「覚える」ことが苦手だと、「聞き間違えの多いNさん」（85ページ）のように、先生の指示が通らずに的外れな行動をしてしまうことがあります。

ワーキングメモリが弱いとどうなる？

記憶に含まれる**ワーキングメモリは、別名「作業記憶」**とも呼ばれます。これは、何か

作業をするときに一時的に記憶し取り出されるものだからです。例えば、

・おつりを計算（暗算）する
・人との会話を聞いて理解しながら、次の会話の言葉を発する
・文章を読んで、その内容を覚えておきながら次の文章を読む
・部屋に何かを取りに行くための目的を覚えておく

などの際に使う記憶です。用が済んだら、その記憶は消えてしまいます。

またワーキングメモリは、**「脳の作業台」**とも呼ばれます。この作業台は広ければ広いほど、書類や資料を並べたり、筆記用具や工具を置いたりと、作業がはかどりやすくなります。狭い作業台では、いったん引き出しや棚にしまって、また出してと、作業効率が悪くなります。あるいは、パソコンに詳しい人でしたら、パソコンのメモリをイメージしてもらうとわかりやすいでしょう。メモリの容量が大きいほど処理効率が上がります。

もし、このワーキングメモリが弱いと、

・おつりが計算できない
・人と会話していても見当外れな返答になる

・読書のときに度々集中が途切れる
・部屋に何かを取りに行っても忘れてしまう

といった困りごとにつながってしまいます。

こうなると例えば、普段の生活でも宿題をしていたらわからないことが出てきて、本棚で参考書を取ろうとしたら、マンガが目に入り、休憩してマンガを読み始めようとしたら、おやつも食べたくなり、買い物に出かけてしまった……というようなその場の思いつきに流された行動をしてしまうこともあります。またいろいろな情報刺激が入ってきてはそれに気持ちが向いてしまい、ひとつの物事を最後まで完了できないまま、次々に別のことに手を出してしまうことにもつながるかもしれません。

なくしものや忘れものが多いDくん

小学生のDくんは、忘れものが多く、机の中も片づかず、いつも鉛筆や消しゴム、ものさしなどをなくしてしまいます。

学校では、「先生、消しゴムがなくなりました」「ものさしが見つかりません」「宿題をうちに忘れてしまいました」……と毎日こんなことの繰り返しです。Dくんは、文房具を

ケース　なくしもの、忘れものが多くて困っている子ども

手に持ったまま学校内を移動し、どこかに置き忘れてなくしてしまうことも日常茶飯事です。

家でも、ゲームが、財布が、本が「ないないないない……」とあわてることが多く、母親からは「使ったものは元の場所に戻す！」と叱られています。

Dくんのように、なくしものや忘れものが多いのも、記憶するための方略やワーキングメモリの弱さが関係していることもあります。Dくんに、「どうしてなくしものが多いの！」と叱っても、本人もなぜなくすのか、忘れて

しまうのか、よくわからないのです。

「忘れものをなくす」を目標にしてしまうと、忘れ物をしないか、そのことばかりが気になってしまうかもしれません。「今日はこれだけは持っていこうね」というものを決めて、例えば、

①絵の具セット（今日の図工の授業で使うので）

②給食セット・上履き（貸出品があるので）

③体育着（体育の授業は明日なので、持っていけたら）

といった具合に、優先順位をつけてあげるのがいいでしょう。

また、親や先生は、この子には「忘れやすい特性がある」と認識して、子どもには忘れないためにどう工夫したらいいかを具体的に教えましょう。例えば、用意するものを一覧にしておいたり、忘れそうなものはメモや付箋に書いておいたりして、目につくところに貼っておくといいでしょう。

覚えるためのコツは2つ

ここで覚えるためのコツを2つご紹介します。その2つとは、「**符号化**」と「**リハーサル**」です。

符号化とは、文字にほかの意味をもたせたり、ほかのことに置き換えたりして覚えることです。符号化のひとつに「語呂合わせ」があります。例えば、歴史の年号を「ナント（710年）、見事な平城京」、関東地方の県名を「とうきょうと（東京都）にぐん（群馬）と（栃木）ち（千葉）か（神奈川）い（茨城）さ（埼玉）」などと覚えたりすることです。

一方、**リハーサルは、何度も口に出したり、書いたり繰り返すことで覚えます。**例えば、図形記憶の「何があった？」課題では、形を覚えるのに「マル、サンカク、シカク」など と言葉に置き換えるのは「符号化」ですし、その形と正しい位置を繰り返し復唱するのは「リハーサル」といえるでしょう。

お子さんが自分なりに覚えやすい工夫の仕方を見つけていくのも、コグトレの「覚える」問題の目的です。語呂合わせや関連したイメージを見つけたほうが覚えやすいのか、それとも何回も口に出して言うのが覚えやすいのか、何回も書いて手を動かしたほうが覚えやすいのか、その子なりの覚えるコツを探してみてください。

②「数える」力を伸ばす狙い

記号などの数を素早く正確に数えたり、計算をしたりすることで、**注意・集中力、処理速度の向上を目的としたトレーニング**をします。学校のテストでは、時間制限があります。日常生活でもすばやく判断を求められる場面があるでしょう。スピーディーにミスなく繰り返し作業をするには、しっかりした注意・集中力、処理速度が求められます。

［課題］

「まとめる」（121ページ）

ある記号を5個または6個にまとめる練習をします。その記号をかたまり（量）としてまとめることで、数の感覚を身につけます。この課題では、小学生以降の算数で求められる「量」としての数概念（例えば10を「5と5」「4と6」など分解や合成をする際に必要）を養っていきます。量としての数概念ができないと、例えば、繰り上がり計算などでつまず

「まとめる」課題

うわっ、コバケがたくさん。5人《にん》ずつの を○でかこみながら、 と○を数《かぞ》えて、下《した》の（　）に書《か》いてみよう。

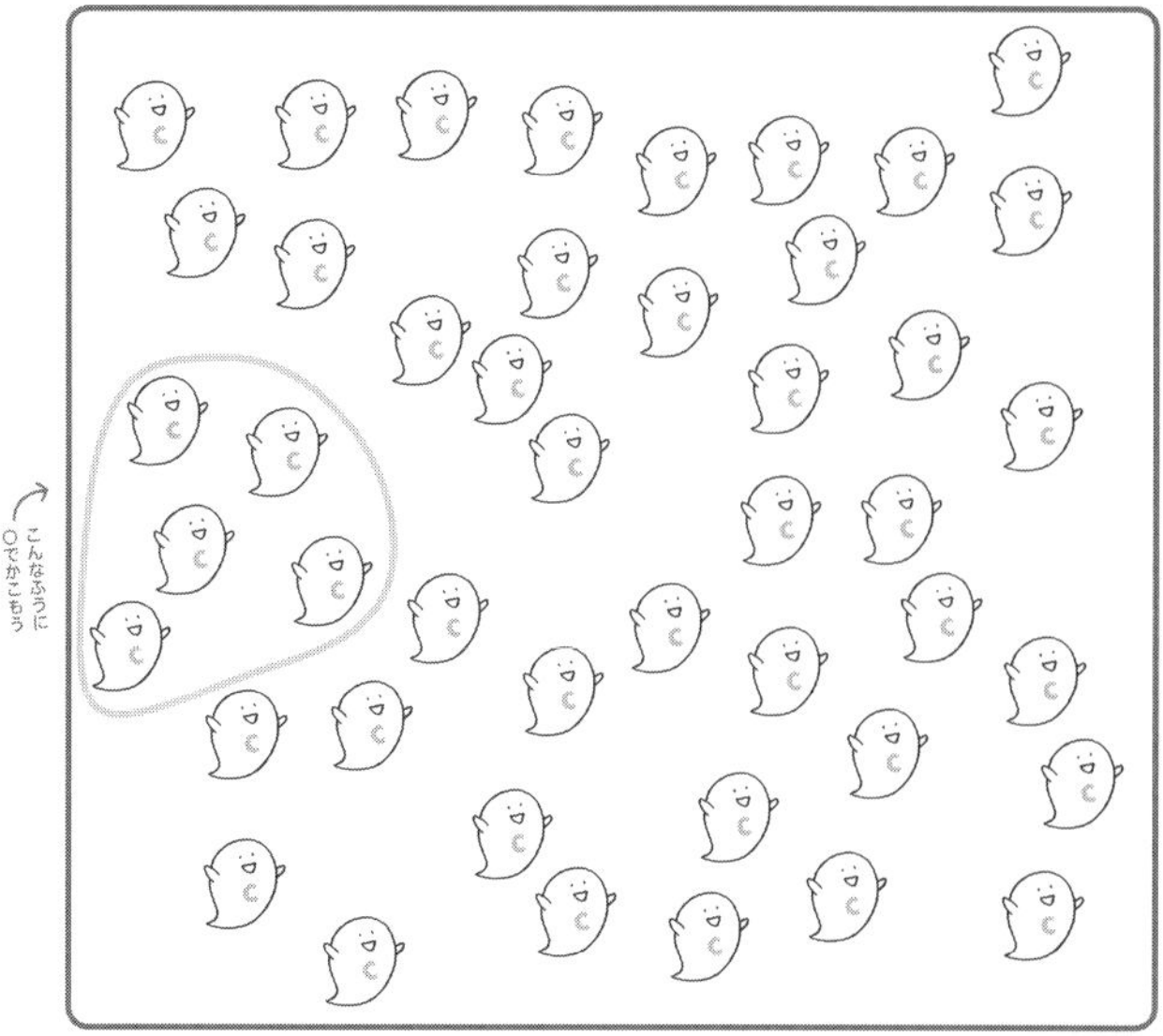

○は（　　　）個《こ》　　は（　　　）人《にん》

出典：『医者が考案したコグトレ・パズル』（小社刊）

く要因になります（126ページのEさんのケース参照）。

「記号さがし」（123ページ）

特定の記号や数字をできるだけ早く探して、その数を数えます。注意・集中力、処理速度の向上に加え、「あるルールのもとでは数えてはいけない」といった注意の転換もトレーニングします。これによって例えば、学校のテストで「正しくないものに○をしなさい」という設問が出たときに、あわてて正しいものに○をしてしまう、という不注意を減らす効果も期待できます。

「あいう算」（125ページ）

記憶しながらすばやく計算することで、ワーキングメモリや注意・集中力、処理速度の向上を目指します。また、テストで問題を解いて出た答えを解答用紙に書き写す場合、転記ミスを減らすことにも役立ちます。

「さがし算」（125ページ）

「記号さがし」の課題

△に✓しながら数《かぞ》えて、その数《かず》を下《した》の（　）に書《か》いてね。
ただし、△の左《ひだり》に○があれば✓もつけず、数《かぞ》えないよ。

◇	○	◎	△	○	◇	△	☆	☆	◇	○	◎	△	○	▽	□
○	△	○	◎	□	◇	☆	△	○	☆	○	△	◇	△	◇	◎
☆	◎	◇	△	▽	□	☆	○	◎	○	△	□	☆	□	△	◇
○	△	□	▽	◎	◇	○	△	□	◎	☆	▽	○	☆	△	◎
◎	△	☆	△	◇	○	△	☆	○	▽	◎	□	△	□	◇	○
◇	△	□	○	▽	☆	○	△	□	○	◎	▽	◎	△	○	☆
◎	□	○	△	○	▽	△	◎	△	○	□	☆	▽	○	◎	△
○	▽	□	○	□	☆	◇	□	○	△	◇	◎	☆	○	□	☆
△	◇	☆	△	▽	□	◇	△	□	◇	◎	△	○	◎	□	◇
△	☆	◎	□	○	◇	△	○	▽	□	◇	○	△	□	◇	◎
☆	○	□	☆	△	□	◇	△	☆	○	△	◎	◇	☆	▽	☆
◎	△	□	◇	□	▽	△	○	◎	○	△	☆	▽	□	◇	◎

△は（　　）個《こ》

「計算ドリルが嫌い」というお子さん向けにゲーム感覚で楽しめるようにと考案されたものです。通常のドリルは一方向の計算（3＋7＝□）が多いですが、この「さがし算」では、逆に「足して10になる数の組み合わせ」を格子状の数字から探して○で囲んでいきます。常に数字の組み合わせを頭に置きながら、効率よく何パターンかを計算して探していくことで、「暗算力、ワーキングメモリ、処理速度、計画力」といった、高度な学習の土台となる4つの力を育んでいくのが狙いです。

「数える」が苦手だとどうなる？

「まとめる」課題のように、「量」としての数をとらえることが難しいと、最初に計算でつまずく要因になります。

数の概念には2種類あります。順序を表す「序数」としての数概念と、個数や量を表す「基数」としての数概念です。序数は1時、2時、3時……のように1の次は2、2の次は3という順序や、「前から3番目」「うしろから4番目」のように「何番目」という数概念です。

一方、基数は1個、2個、3個……のように、また「まとめる」課題で問われた「5個

「あいう算」の課題

まず「あ～そ」の計算《けいさん》をしてね。次《つぎ》に、
そのこたえと同《おな》じ数字《すうじ》の(　)に「あ～そ」を入れてね。

あ	2+3	か	5+4	さ	8+1
い	1+2	き	2+4	し	5+3
う	4+4	く	4+3	す	4+3
え	6+2	け	7+3	せ	2+8
お	1+1	こ	2+7	そ	3+1

2	(　　)	7	(　　)(　　)
3	(　　)	8	(　　)(　　)(　　)
4	(　　)	9	(　　)(　　)(　　)
5	(　　)	10	(　　)(　　)
6	(　　)		

「さがし算」の課題

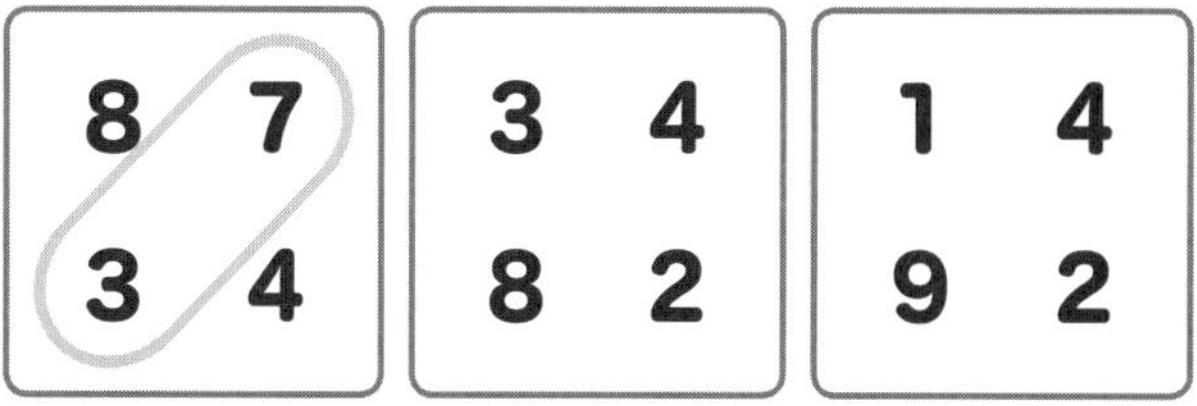

「足して10になる数の組み合わせ」を探します

ずつ」のように、「量」としてとらえるものです。この基数が理解できていると10個は3個と7個のように分解と合成ができたり、九九で暗唱する「さんしちにじゅういち」が「3×7」で「3が7個ある」と量として認識できたりします。

基数としての数概念が確立していないと、計算課題は難しいでしょう。序数と基数としての数概念は別々に発達します。これらの概念が確立していないと、学年が上がるにつれて算数がわからずに苦手になってしまいます。

計算ミスが多く、数えるのに指を使うEさん

小学3年生のEさんは、簡単な足し算や引き算、簡単な筆算もできますが、計算するときは指を使っています。

気になるのは、繰り上がりや繰り下がりが出てくると答え間違いがよくあること。ときどき「150」を「10050」(「100」と「50」)のように書き間違えをすることです。今は九九の暗唱を頑張っていますが、掛け算そのものがわかっているわけではないようです。

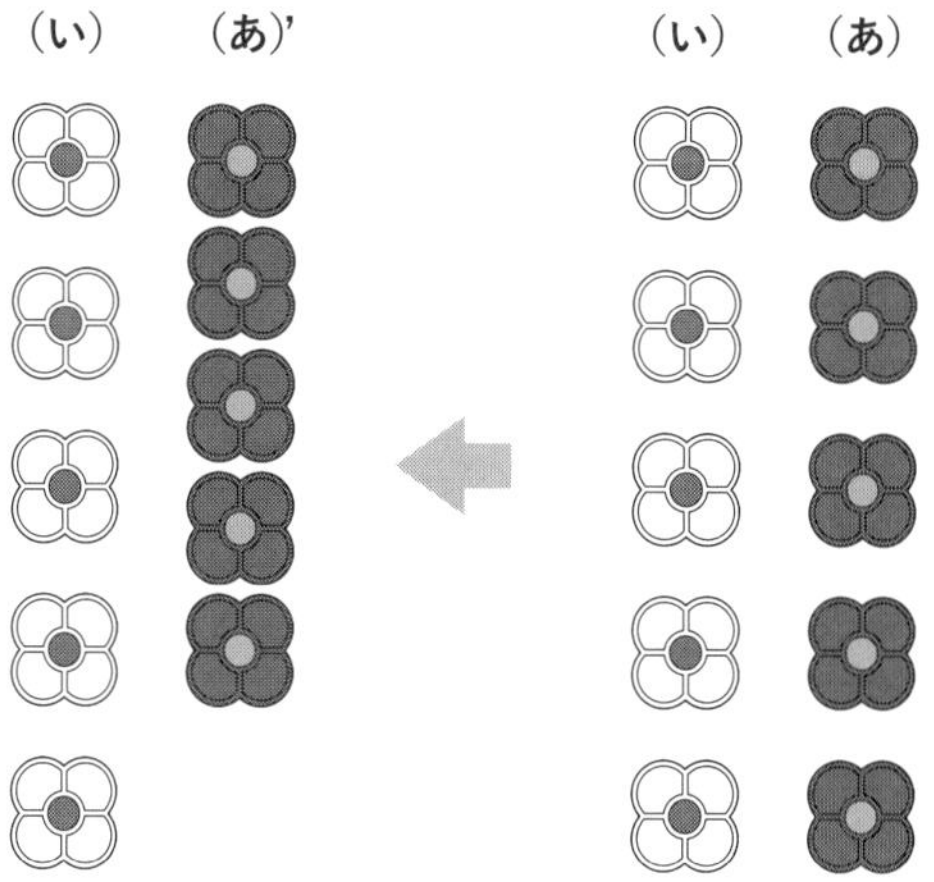

Eさんは、計算以前に数の概念がまだ理解できていないようです。例えば、「4＋7＝」「11－5＝」といった計算の練習は、学校でも何度もやりますので答えを覚えておくとできるようになりますが、数や量が大きくなってくると、概念化が未熟なためよく間違えてしまうのです。このような状態で、2年生レベルの筆算をやっても、単純な反復練習によってできるようになるだけで、数概念の発達にまではなかなかつながりません。

上図のような課題もやってみましょう。右のおはじきの数が「(あ)＝(い)」であることを確認したあとで、左の(あ)'のようにおはじきの間隔を詰めます。そうして、左の「(あ)'と(い)のおはじき、どちらが多いか？」をたずねます。

正解は「同じ数」なのですが、「(あ)のほうが少ない」などと間違えた場合には、数量としてとらえる中でも「保存の概念」（ものの数量はその形や状態を変えても同じ）がまだ獲得できていないと考えられます。

また、序数としての数概念をみるには、「**うしろから2番目の人に3番目に長い棒（バット）を渡してみましょう**」といった問題を出して、解けるかどうかで、序数という数概念が獲得できているかを確認するといいでしょう（次ページ参照）。

子どものレベルよりも背伸びをさせた問題を与えるよりも、その認知発達のレベルに合った課題をやってもらい、その子の発達をうながすほうが望ましいでしょう。そのためには、子どもの理解や発達の評価が重要になります。

認知発達のレベルに合わせた練習を

数の概念を獲得させるには、「まとめる」課題以外にも、できれば、おはじきやブロックなどの具体物を並べて、正確に安定的に数える練習をするほうが効果的でしょう。5と10、10と20の量的な違いが具体物でわかるようになると、数概念の獲得につながります。

「うしろから2番目の人に3番目に
長い棒（バット）を渡してみましょう」

日常のひと言で「数」の問いかけを

また、「10個の中から6個を取り出す」「20個の中から9個を取り出す」という練習や、「前から3番目はどれ？」「うしろから4番目はどれ？」という練習もいいでしょう。日常的に、「10個の飴があるよ。3個をあげる」とか、電車に乗ったら「ここから3駅目はどこ？」、列に並んだら「○○ちゃんは何番目だね」などと問いかけてみるのもお勧めです。

そうして計算ができるようになってくると、文章題や少し高度な問題にもチャレンジしたくなるかもしれません。でも、数概念を理解することと文意を理解して思考することには大きな隔たりがあります。**まずはその子の「できること」を増やし、自信をつけさせて練習を継続していく**ことのほうが先決だと思

計算のときに指を使う子ども

われます。

計算のときに指を使うのはありかなしか？

足し算ができるようになるには、最初に両指を使って、「3＋2」の計算だったら被加数（3）を右手、加数（2）を左手で示したあとに、両指で示した数を1から数え、答えを出しています。その後、いくつかの方法を経て、最終的には指の数よりも多い抽象的な数の計算ができるようになります。

Eさんはまだ指を使うレベルであり、ここはしっかり指を使わせて数概念の発達につなげていったほうがいいでしょう。もし指を使うのを無理にやめさせせれば、その先に進めず、子どもは計算でいつまでもつまずいたままになってしまう可能性もあります。

人は何かを理解したり確認したりするときに指を使うことはよくあります。新しい漢字を覚えるときに空中に指を動かして書く「空書き」をすることもありますし、大人でも安全確認や忘れ物防止のために「火の元よし」「鍵は持った」などと「指さし確認」をすることがあるでしょう。

計算だけは指を使ってはいけないという決まりはなく、そのほうがわかりやすいなら指で数えたらいいと思います。大人でも絶対に間違えてはいけない足し算をするとき、焦っているときほど指を使います。子どもは学びの途中で、わからなくて不安なことも多いのです。いつも指を使いたい状況だと理解してあげましょう。

③「写す」力を伸ばす狙い

提示された図形の模写を中心に形の把握をすることで、**視覚認知の基礎力をトレーニング**します。学習の基本は模倣です。例えば、漢字を覚えるときには、まず手本を見ながらノートに「写す」作業から始めますし、授業では先生が黒板に描いた文や図形をノートに「写す」作業もあります。

［課題］

「点つなぎ」「曲線つなぎ」（135ページ）

見本を正確に写すことで、視覚認知の基礎力をトレーニングします。黒板からノートに写す作業や漢字を丁寧に見て書く力にもつながります。

「点つなぎ」は、格子状の点に描かれた見本のように、点を結んで直線で再現してもらう課題です。これは模倣することの基本課題です。また直線はうまく書けても曲線が苦手な子もいます。ひらがなは曲線が多いので、曲線を模写する練習用に「曲線つなぎ」もあります。

「折り合わせ図形」（135ページ）

マス目にある記号を上下対称に写すことで、正確に写すことのトレーニングになります。簡単な位置関係を理解しながら模写する力をつけます。

「記号の変換」（136ページ）

ただ書き写すだけではなく、あるルールに従って書き写すという課題です。上の図を下の図に写すとき、ある記号を別の記号に変換して写します。これも「折り合わせ図形」のように、簡単な位置関係を理解しながら模写する力をつけますが、ルールが加わりますのでより注意が必要です。

「鏡映し」（136ページ）

図形を鏡像と水面像に置き換え、正確に写す力をトレーニングします。いずれも鏡像になりますが、位置関係と想像力も働かせながら模写します。

「折り合わせ図形」

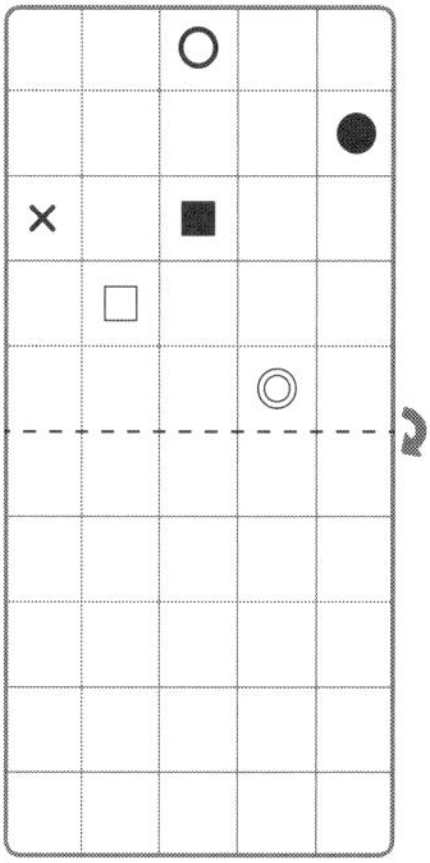

「点つなぎ」

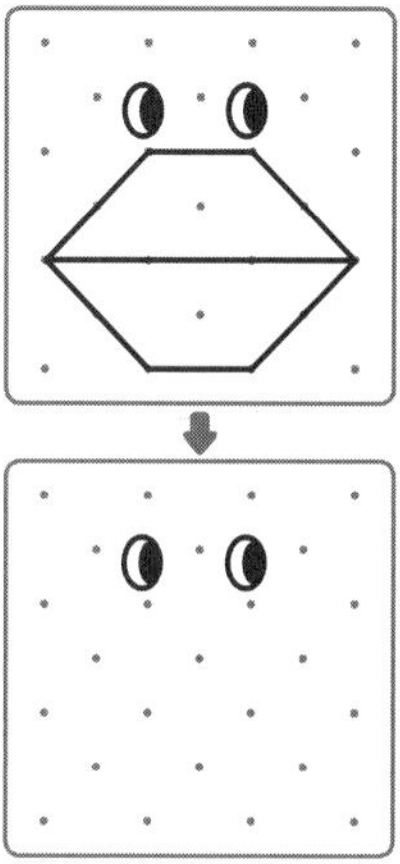

「曲線つなぎ」

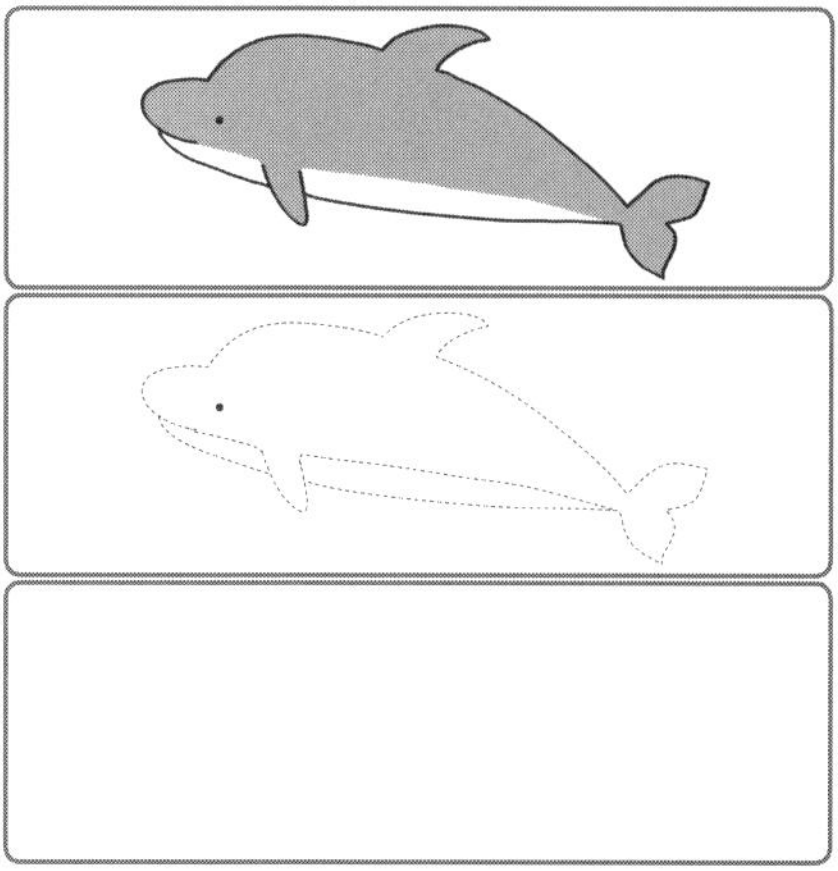

出典:『医者が考案したコグトレ・パズル』(小社刊)

「鏡映し」

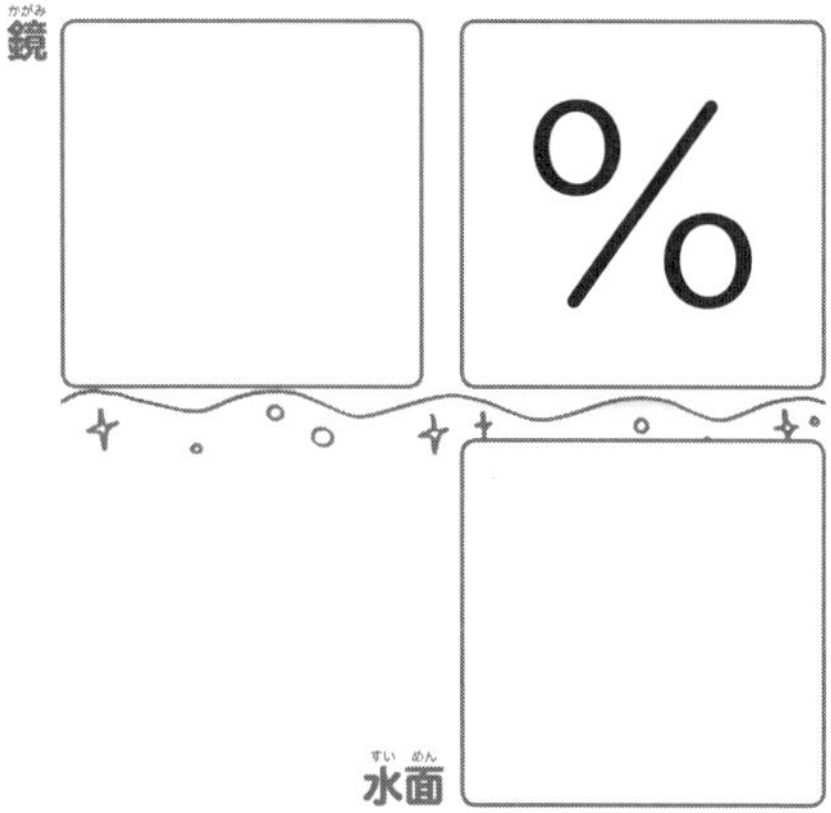

「くるくる星座」

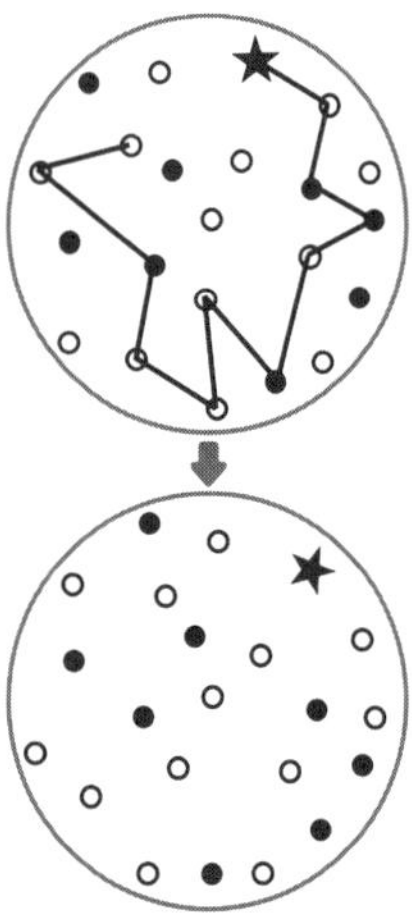

「記号の変換」

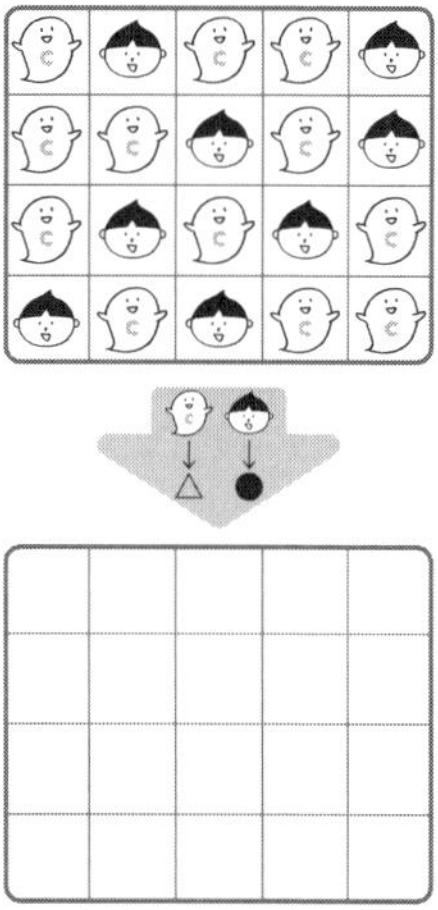

「くるくる星座」（136ページ）

星どうしの相対的な位置関係を考えながら、見本の星座を正確に写すトレーニングをします。模写だけでなく論理的思考の向上も目指します。地図を見ながら目的地に向かうといった力にも役立つでしょう。

「写す」が苦手だとどうなる?

93ページで、「黒板や漢字の書き取りが苦手なJくん」を紹介しました。Jくんは、立方体の模写がうまくできず、「写す」ことは苦手です。また、小学生の頃から黒板に書かれた文章をノートに書き写すこと、漢字を覚えることや書くこと自体も苦手です。

写すための第一歩は、まず「目で見た形や色などを理解できること」です。これは視覚認知と呼ばれるものですが、視力は正常でも視覚認知が弱いと、正確に形や立体を認識できません。そのため、次のような問題が生じます。

- 黒板の文字が書き写せない
- 漢字を覚えにくい
- 書き間違いが多い

・図形が描けない
・手先の作業が苦手
・左右を認識しにくい

例えば、漢字を見て形を正確に写す際に、正しく写しているつもりでも、本人には間違って見えてしまう場合があります。正しく見ることができないと、間違った漢字を繰り返し書いて、誤学習してしまうこともあります。

漢字が覚えられないIさん

Iさんは、小学生になってもなかなかひらがなが書けませんでした。家で親と一緒に懸命に練習して、なんとか書けるようになりました。次に、カタカナも猛練習し、3年生の今は日々、漢字の練習をしています。漢字ドリルで見本の漢字を見ても、何度も間違えながら書いています。それでも正しい形で書字することが難しい状態です。

また、Iさんは漢字もそうですが、図形をそのまま描き写すのも苦手です。

漢字を覚えられないという多くのケースでは、Iさんのようにひらがなの習得でも苦労したというエピソードがよくあります。

Iさんは懸命に練習したそうですが、実際にはまだ書けるようになっていないひらがながないか（あるいは忘れてしまっていないか）、確認しておいたほうがいいでしょう。

カタカナも同様に確認します。ひらがなやカタカナで混乱している段階では、やはり漢字の習得はまだ難しいでしょう。

確認の方法は具体的には、次の3つを評価するといいでしょう。

①漢字や簡単な文章をきちんと読めているか
②文章を流暢に読めているか（単語のかたまりが認識できているか）
③正確に書けているか

読む段階でつまずいている場合、まずは「読み」の練習を中心にしたほうがいいかもしれません。言葉の意味を理解できていない状態で、何度も書く練習をしても苦痛ですし身につきづらく、いざその字を書くときに思い出しづらい可能性があります。

「書き」の練習ですが、見本と同じ位置にある点を書けなかったり、線の長さや傾きを正確にとらえられていなかったり、正しい形で書くのが難しい状態ならば、漢字の書き練習の前に、例えば、「点つなぎ」課題（133〜135ページ）のような課題がしっかりできているかを確認されることをお勧めします。

④「見つける」力を伸ばす狙い

形の恒常性トレーニングと、複数の視覚情報の中から共通点・相違点を見つけるトレーニングにより、**視覚情報を整理する力**を向上させます。形の恒常性とは、見る角度を変えても同一のものとして知覚できる力です。例えば、先生が黒板に書いた文字を写すときに、黒板を見る角度とノートを見る角度（視点）が違っても同じものだと認識することができます。

［課題］
「黒ぬり図形」「重なり図形」（142ページ）
図の共通した形の輪郭を見つける力、形の恒常性をトレーニングします。黒ぬり図形では、同じ形を見つけるコツをつかみます。重なり図形では、論理的に形（見本で使われていないパーツ）を見つける力をつけます。

「黒ぬり図形」の課題

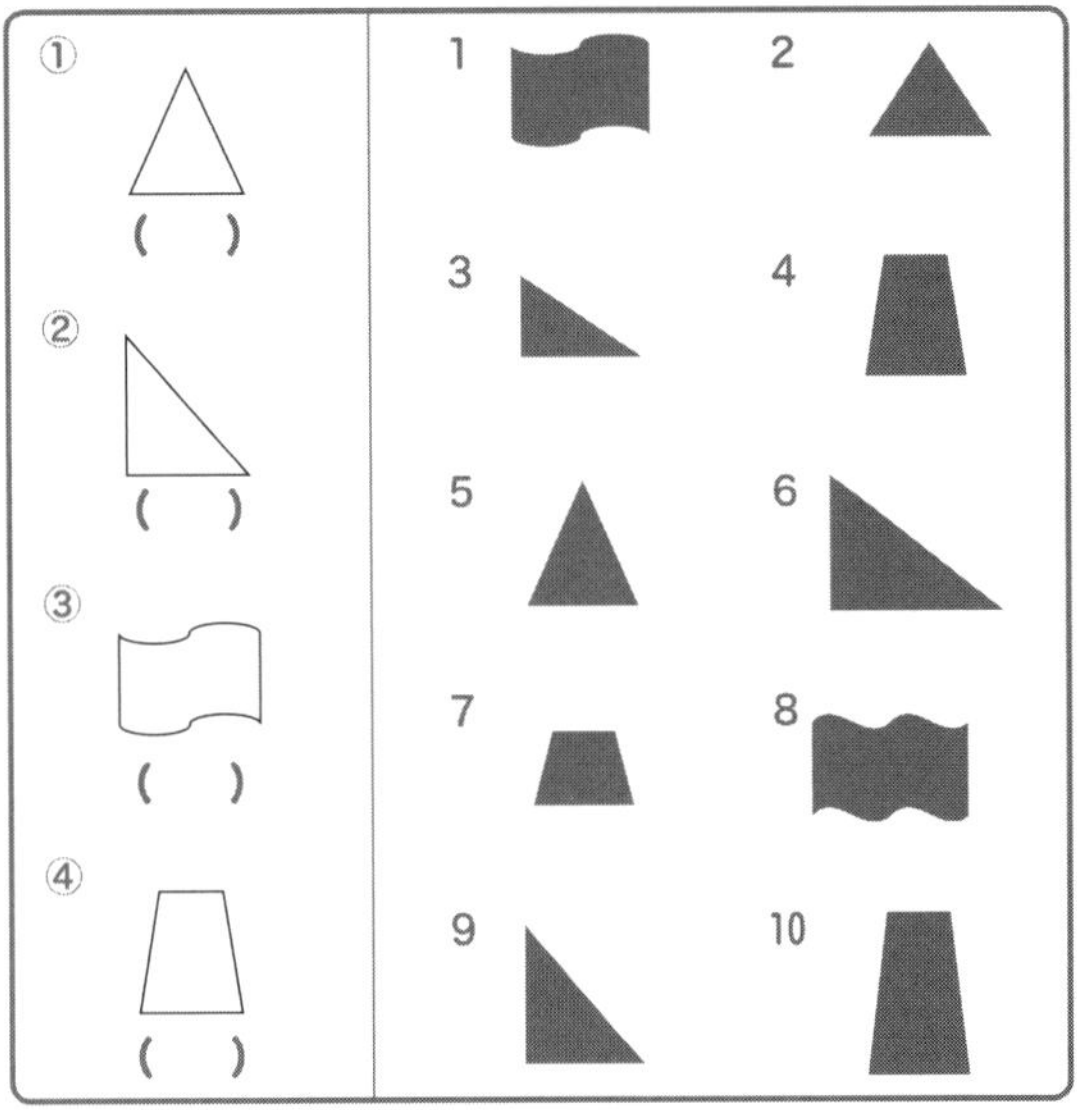

「重なり図形」の課題

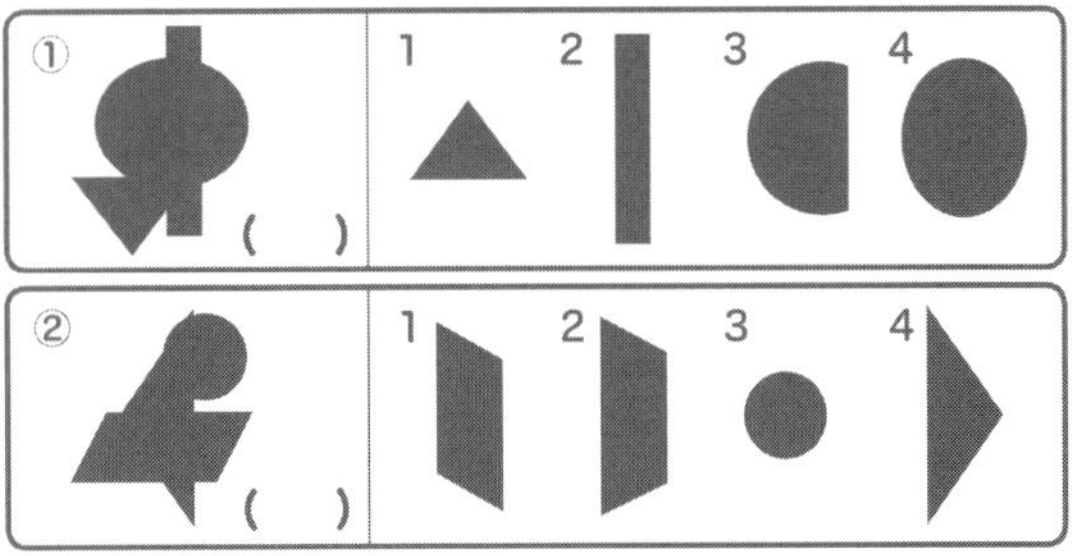

出典：『医者が考案したコグトレ・パズル』（小社刊）

「回転パズル」の課題

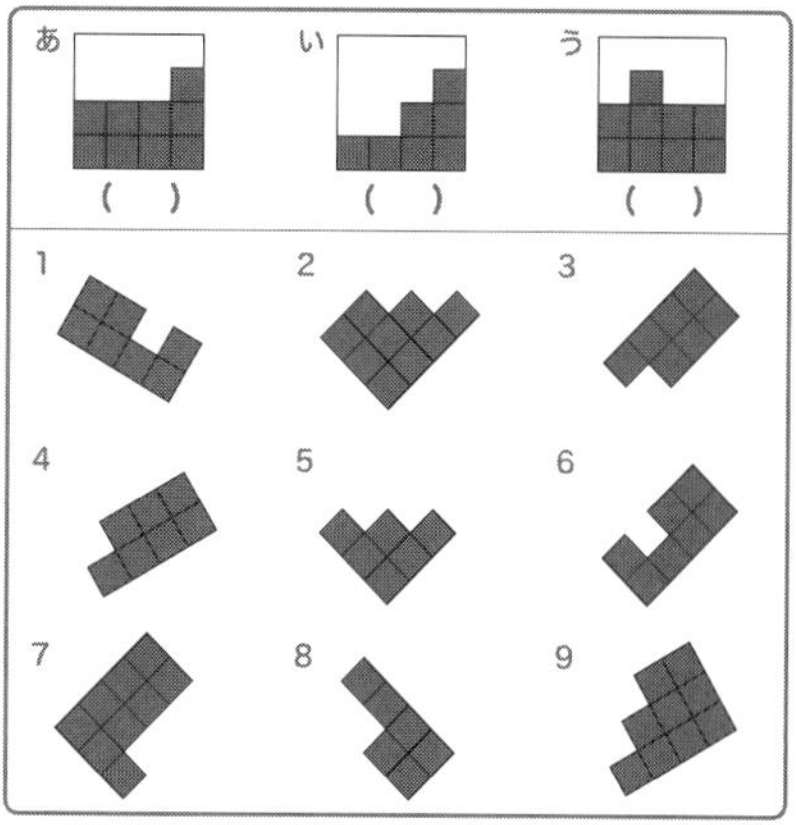

「回転パズル」（143ページ）

図を回転させて同じ形をつくることで、形の恒常性をトレーニングし、また論理的に形を見つける力、形を心の中で回転させて想像する力（心的回転力）も養います。

「形さがし」（144ページ）

不規則に並んだ点群の中からある特定の形を見つけ出すことで、形の恒常性をトレーニングします。

「違いはどこ？」（145ページ）

2枚の絵の違いを見つけることで、視覚情報の共通点・相違点を把握する力をつけます。

「形さがし」の課題

下《した》のわくの中《なか》に  が7個《こ》あるよ。それらをさがして  のように線《せん》でむすんでね。

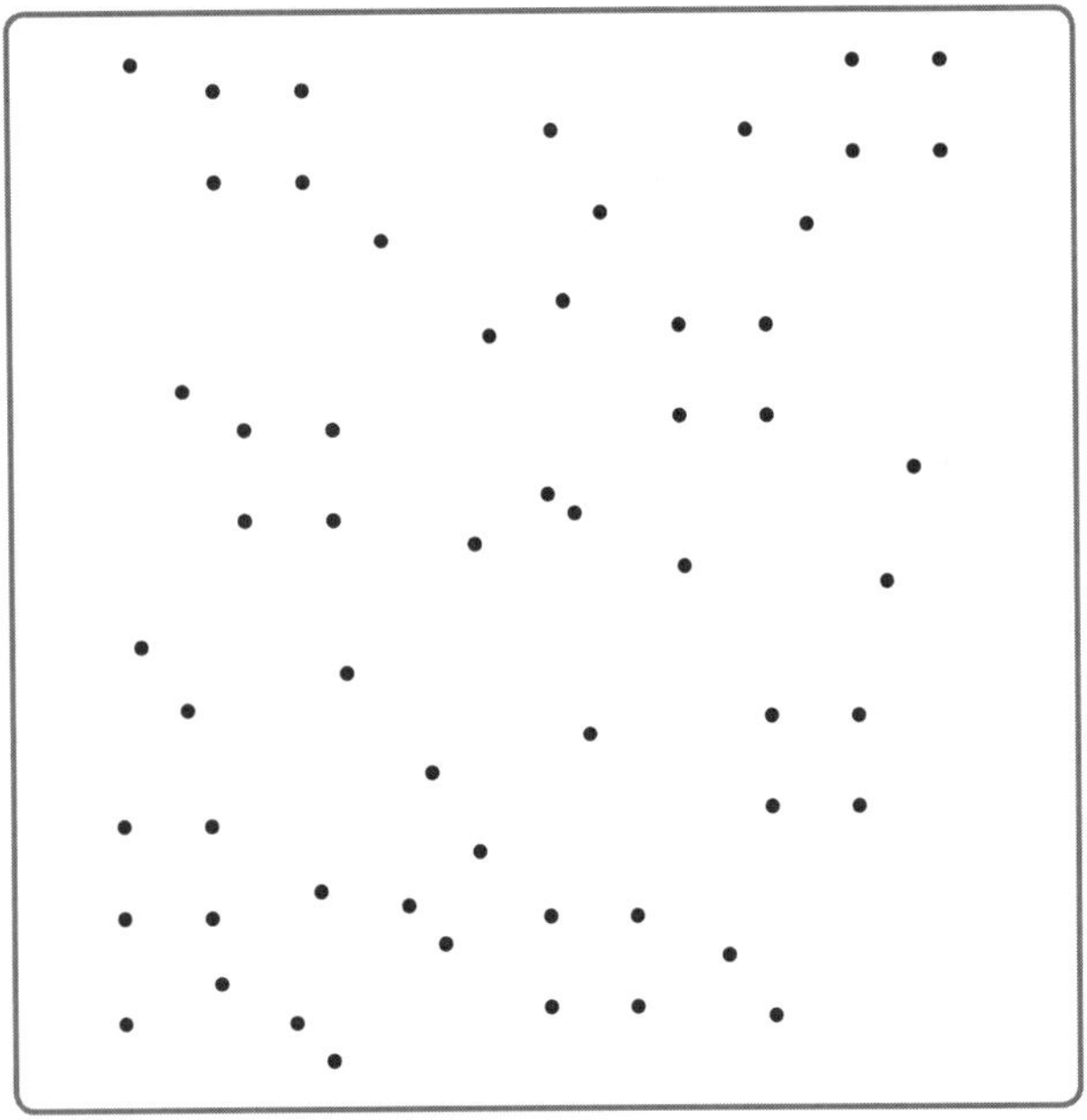

「違いはどこ?」の課題

図形の識別以外にも、人の顔や表情を見分けることにもつながるかもしれません。

「同じ絵はどれ?」(146ページ)

複数の絵の中から同じ絵を見つけることで、視覚情報の共通点・相違点を把握する力をつけますが、「違いはどこ?」よりも難易度がアップします。

「見つける」が苦手だとどうなる?

図形問題を解くことが苦手な傾向にあります。算数には、さまざまな形の中から見本の形を探し出す問題や、図を模写する課題、面積や体積を求める問題があります。

「同じ絵はどれ?」の課題

　また、教科書の中から特定の単語を探し出すのが苦手だったり、文字をなかなか覚えられなかったりするかもしれません。

「見つける」問題では「視覚認知」を応用し、見る角度を変えても同一のものとして知覚できる「形の恒常性」も養います。例えば、遠ざかっていく車を見ているときでも目に映る車の像（網膜像）は小さくなりますが、車自体が実際に小さくなっていくとは感じません。対象物を見る角度や距離が変われば、さまざまに変化して見えるのに、その大きさは一定であると感じ取れる力が、形の恒常性です。また遠くの黒板の字を、手近にあるノートに整理して書き写せるのも、同じ力と言われています。

⑤「想像する」力を伸ばす狙い

見えないものを想像する力、論理的思考力をトレーニングします。提示された視覚情報から結果を想像することで、関係性の理解、論理的思考、時間概念をトレーニングします。また、どうすればうまくできるかといった方略も必要なので、計画して段取りよく施行するという「実行機能」のトレーニングにもなります。

［課題］
「スタンプ」（148ページ）

スタンプを押すとどのような絵になるのかを考えることで、ひとつの視覚情報からほかの情報を想像する力、イメージする力や見えないものを想像する力をつけます。具体的には、図形問題や地図を読むなどの空間的な課題にも役立ちます。

「スタンプ」の課題

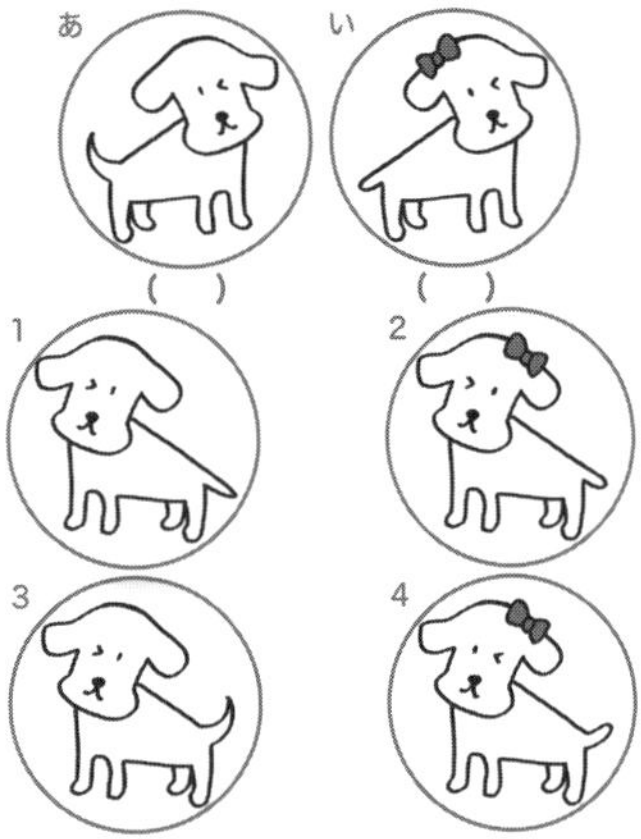

「心で回転」の課題

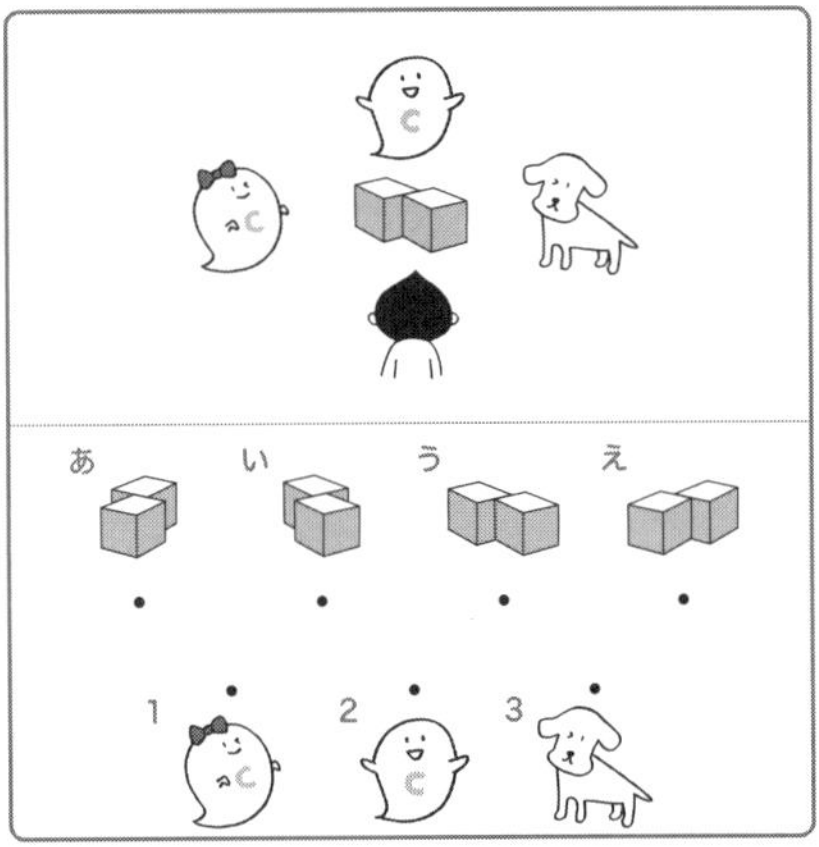

出典：『医者が考案したコグトレ・パズル』（小社刊）

「順位決定戦」の課題

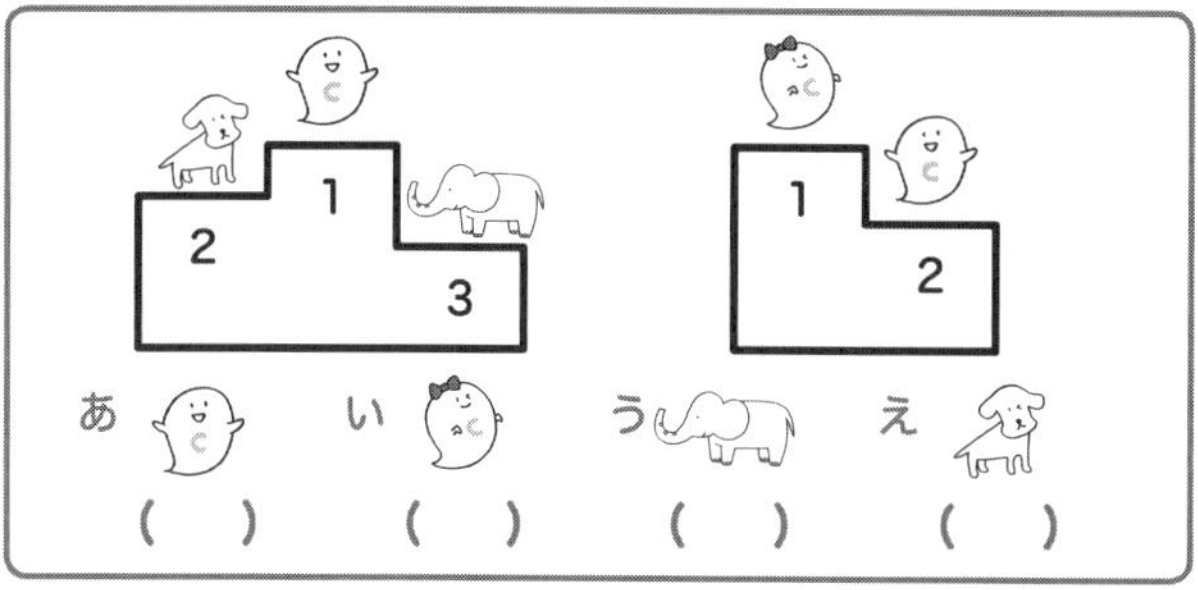

「心で回転」（148ページ）

心の中で対象物を回転させることで、ひとつの情報から別の結果を推測する力をつけます。3次元の情報を含み、「スタンプ」の課題よりも難易度が上がります。

「順位決定戦」（149ページ）

表彰台の結果をヒントに、全体の順位を想像します。それぞれの関係性を考えることで全体を推論・判断する力を養います。とくに比較問題に取り組むときに役立つ力です。

「物語づくり」（151ページ）

ランダムに配置された絵を見て、ストーリーを想像しながら正しい順番に並び替える課題です。時間概念や論理的思考をトレーニングします。また、断片的な情報か

ら全体を推論・判断する力を養います

「想像する」が苦手だとどうなる？

コグトレの中でも、この「想像する」問題が一番苦手だというお子さんは多いでしょう。「覚える」「数える」「写す」は基本的な課題で、「見つける」「想像する」は、発展的な課題になります。「見つける」は、しっかり形をとらえる力がないと、細部にまで目がいかなかったり、物事の違いがわからなかったりします。また、**「見つける」力があって、次に「想像する」力につながります。論理性などの発達と関係するので、「想像する」課題は一番難しい**かもしれません。

なお、「想像する」力が弱いと、次のようなことが苦手な傾向にあります。

・物事の理由や背景を考えること
・相手の立場になって考えること
・順序よく物事を説明すること
・少ない情報を活用して他を類推すること
・算数の文章題を解くこと

「物語づくり」の課題

「9歳の壁」と「想像する」課題

小学生の発達段階の中で「9歳の壁」というものがあります。文部科学省のホームページ「子どもの発達段階ごとの特徴と重視すべき課題」に以下の記載があります（一部省略しています）。

『9歳以降の小学校高学年の時期には、幼児期を離れ、物事をある程度対象化して認識することができるようになる。対象との間に距離をおいた分析ができるようになり、知的な活動においてもより分化した追求が可能となる。自分のことも客観的にとらえられるようになるが、一方、発達の個人差も顕著になる。身体も大きく成長し、自己肯定感を持ちはじめる時期であるが、反面、発達の個人差も大きく見られることから、自己に対する肯定的な意識を持てず、劣等感を持ちやすくなる時期でもある』

これが「9歳の壁」と呼ばれているもので、**9歳頃までを境に、目に見えないさまざまな背景を想像できる力がついてきたり、抽象的思考や論理的思考へシフト**したりします。

例えば、人が嘘をついても「その背景にはこんな理由があるから、わざと嘘をついたのかな」などと、その人の背景まで想像できてきます。また学習にも差がつきやすく、他者との比較から劣等感なども生まれてきます。

ここでいう9歳は、定型発達のお子さんの年齢を目安にしています。しかし**境界知能や軽度知的障害のお子さんでしたら、定型発達の児童に比べだいたい7割や8割くらいの発達年齢**になりますので、個人差はありますが、12歳くらい、中学生になる頃に「9歳の壁」に遭遇することになるでしょう。ですので小学校にいる間には周りにいる友達の会話についていけなかったり、先生が伝える意図がくみ取れなかったりして、学習以外の場面でもつらくてしんどい思いをしてしまう可能性もあるのです。

コグトレの「想像する」課題は、おおよそこの「9歳の壁」の発達段階から、それを超えたあたりのレベルを想定しています。

ただ、「想像する」課題は、小学校低学年にはまだ難しい問題もありますので、無理に取り組ませる必要はありません。その前に、「覚える」「数える」「写す」「見つける」力をしっかりとつけることがポイントです。

続いては、コグトレを学校教育現場で実践している例を、先生の声とあわせて紹介していきます。

コグトレ実践事例1　小学校の朝の5分プログラムとして

これまで多くの学校の先生たちから、「コグトレを授業に取り入れたい」「実践方法について教えてほしい」といった問い合わせをいただきました。次にご紹介する、関西地方のある小学校の校長先生は、拙著『1日5分！教室で使えるコグトレ』（東洋館出版社）を読まれ、「この指導法だ！」と直感されたそうです。

この校長先生は、次のように語っていらっしゃいました。

「教室で『気になる子ども』は、今に始まったことではなく、昔から数名いました。その子たちに対して、私たち教員は当然、個別に指導したり、懸命に支援したりします。やがてその効果もあり、少しは回復の兆しが見られることがあります。でも、残念なことに『完全回復』までには至りません。あいかわらず『気になる子ども』のまま、時間が過ぎていきます」

そんなもやもやした思いを抱えていた折、コグトレに出会ったそうです。校長先生ご自身がコグトレ実践の詳細や方法を学ばれたあと、学校教員全体にコグトレの導入を提案し、2020年4月から、朝の5分プログラムとして全学年で開始されました。

取り組みを始めて1年ほどで、コグトレのプリントを仕上げる記録タイムは確実に向上していったそうです。

また、この小学校では「コグトレをすることで、日常の授業や生活において、以前よりも自分の成長した点や変わってきたところはどんなところですか？」というアンケートを全学年にとったそうで、その回答が以下の通りです。

●1年生

「線をきれいに書けるようになった」
「計算が速くなった」
「できなくてもあきらめない力がついた」

●2年生

「図形問題が解けるようになった」
「暗算が速くなった」
「正確に数えられるようになり、間違いが減った」

●3年生

「書き写しが速くなった」

「算数の授業でミスが少なくなった」
「立体図形を頭の中で動かすことが簡単になった」

●4年生

「さがし算でとても速い計算力がついた」
「目を動かすことが速くなり、文章を速く読めるようになった」
「聞き取りの力がついてきた」

●5年生

「計算の正答率が上がってきた」
「頭を使う応用問題もできることが増えてきた」
「漢字を前よりもたくさん覚えられるようになった」

●6年生

「本を読むスピードが上がり、起承転結がすぐにわかるようになった」
「物語づくりや文章を書くのがうまくなってきた」
「字を速くきれいに書けるようになった」

このような感想の声からも、コグトレが子どもたちにも前向きに受け入れられている様子がうかがえます。コグトレ実践を導入した校長先生は、次のように語っておられました。

「自分のこれまでの力と比較して具体的にできるようになったことを、子どもたちは述べています。このコグトレ実践は、子どもたちを飛躍的に伸ばす可能性があると信じています」

コグトレ実践事例2　学級崩壊の危機から一転、落ち着いたクラスへ

次にご紹介するのは、Y県の小学校でコグトレを取り入れた事例です。実践されたのは、心理士でもある小学校の先生です。こちらの先生は、「人の話が黙って聞けない」「がまんができない」という子どもの指導に困っていた6年生担任と協力して、次の2つのコグトレ課題を集中して行ったそうです。

・「最初とポン」（読みあげられる文章の最初の単語を覚える）
・「記号さがし」（特定の記号をチェックしながら数える）

「記号さがし」の誤答数（シート中の見落としの数）の推移をまとめたのが、次ページの図です。

クラス全員（31人）と、担任の先生が選んだ「気になる子ども」（9人）を抽出した結果、クラス全員の誤答数（シート中の見落としの数）は1個あるかないかですが、一方で、気になる子どもたちの誤答数が当初の平均7個からトレーニングによって、次第に減ってきてクラスの平均に追いついているのがわかります。

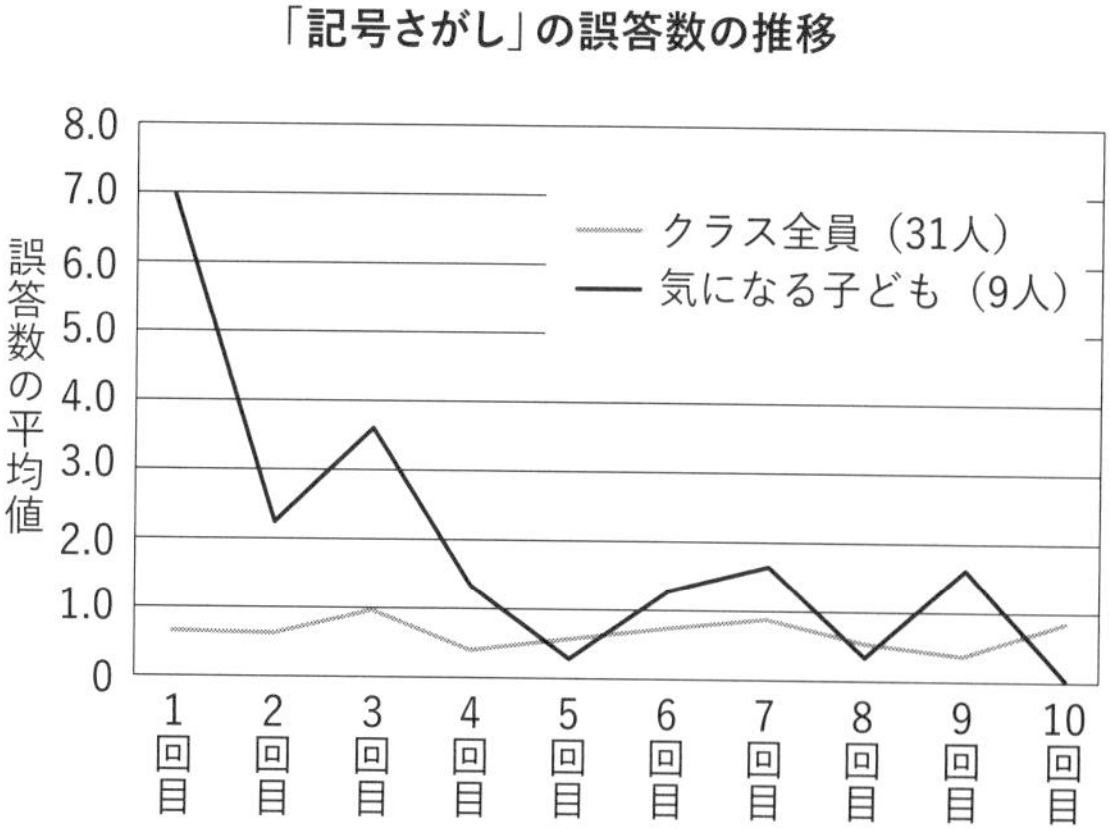

出典：『コグトレ実践集』（三輪書店）より改変

　また、担任の先生が出張などで不在のときには、前もってクラスの実態を聞き、コグトレの課題シートの中から役立ちそうなものを数枚用意して、子どもたちに実践してもらいました。このときには、学習面のコグトレのみならず、「思いやりトレーニング（悩み相談室）」という社会面のコグトレや、「コグトレ棒」（新聞紙を丸めて作った細長い棒）を使った身体面のコグトレも行いました。コグトレ棒を使ったトレーニングでは、最後は大人数でキャッチ棒（相手に投げてキャッチする）をして、達成感をもたせて終了するようにしました。

　その後、このクラスは落ち着き、無事、学年末を迎えられました。担任の先生は振り返って、次のように話されたそうです。

「いつ学級崩壊が起こるかと思って心配だったが、子どもたちが落ち着いてきた。ほかにこれといった取り組みをしていないので、コグトレのおかげだと思う」

最後に、コグトレを実践された先生からは、次のような**実践のヒント**を教えていただきましたので、ご紹介したいと思います。

●「最初とポン」の言葉を聞き逃す子どもは、注意散漫で、先生の話し始めの言葉を聞き逃しやすいので、授業でも大事な場面ではこまめに声をかける必要がある。

●「記号さがし」や「あいう算」などの課題シートを見た瞬間、課題が多いと感じ、集中力を切らせてしまう子どもには、普段の課題を少なめに提示して、やる気を持続させる。

●課題の難易度も大切で、「難しい」と感じると、一気に意欲が低下するので、「少し難しい」課題にするとよい。

このようなコグトレ実践の導入事例については、『コグトレ実践集』（三輪書店）に詳述されていますので、興味のある方はご一読ください。

コグトレをアセスメントとして活用する

先のコグトレ実践事例2で登場した先生は、ＷＩＳＣの知能検査だけでは発達の程度が読み取りにくい場合、何枚かのコグトレ課題シートを「テストバッテリー」（いくつかの検査を組み合わせて補完すること）として使用されています。

コグトレ課題シートは、実際の授業場面が想像しやすく、知能検査では判断しにくい、その子の学習のクセ（学習の進め方や集中力など）がつかみやすい特徴があります。

ここでは３つのコグトレ課題を使った簡易にできるアセスメントの仕方をご紹介します。あくまでも目安ですが、これら３つのコグトレ課題ができるかどうかで、どこに学習のつまずきがあるかをみていきます。

①「記号さがし」の課題（「数える」問題）

次ページの問題ではいろいろな記号が並んでいますが、その中である決められた記号（この課題であれば三角形△）をチェックしながら数えるという課題です。三角形にチェックしたあとに数を数えるのではなく、チェックしながら同時に数えるようにします。答え

「記号さがし」の課題

△の数《かず》を数《かぞ》えながら、できるだけ早《はや》く△に ✓ をつけましょう。

☆◇○◎△○▽□◇☆△▽□◇○△□◇

◎☆○□☆△□◇△○○△□○◎▽◎△

○□☆◇△○☆○△○△◇◎☆△○▽◎

□◇△☆◎□○△◎△○□☆▽○△□◇

△□○▽☆□△◇○△◇△◎▽△◇□☆

○□△○△◇○▽□▽◎◇☆△○□△○

△☆□◎◇△◇○☆△☆○△◎△□☆○

□△○◇○△☆◎△○◇△☆□◎☆△☆

□◎◇○◎◇△▽□☆○◎○△□☆□△

◇○△□▽◎◇○△□◎☆▽○☆△◎◇

△□○▽☆□△◇○△◇○◎△○◇△☆

○□△○△◇▽◎◇○△○□△○△☆□

◎◇△○▽□△○☆△○□◎○△□☆○

△ は〔　　　〕個《こ》

出典:『コグトレ みる・きく・想像するための認知機能強化トレーニング』(三輪書店)

は54個です。学年を問わず平均的なお子さんでも見落としや間違いが1、2個程度は散見されますが、それが多発する子どもは（例えば5個以上など）、数える力や注意を持続させる力の弱さが懸念されます。間違いが多い子には、スピードよりも、まずはゆっくりと正確に数えるようにうながします。

算数が苦手なお子さんの中には、正確に数えられない子もいます。数を正確に数えるというのは、算数の基礎の基礎ですので、計算問題の前に数えるところにつまずきがないかをチェックしましょう。

②「点つなぎ」の課題（「写す」問題）

次ページで紹介するのは、点つなぎの課題です。コグトレの点つなぎは、点々が斜めの線でできているのが特徴です。この課題（ちょうど葉っぱの形になっています）でも斜めの線が混じっており、この模写ができるかがポイントです。縦横の線は得意でも斜めの線が正確に写せないこともあります。だいたい小学校2年生くらいで8割程度が正確に写せるようになりますが、小学3年生になってもうまく写せないのであれば、より丁寧な支援が必要だと思われます。

「点つなぎ」の課題

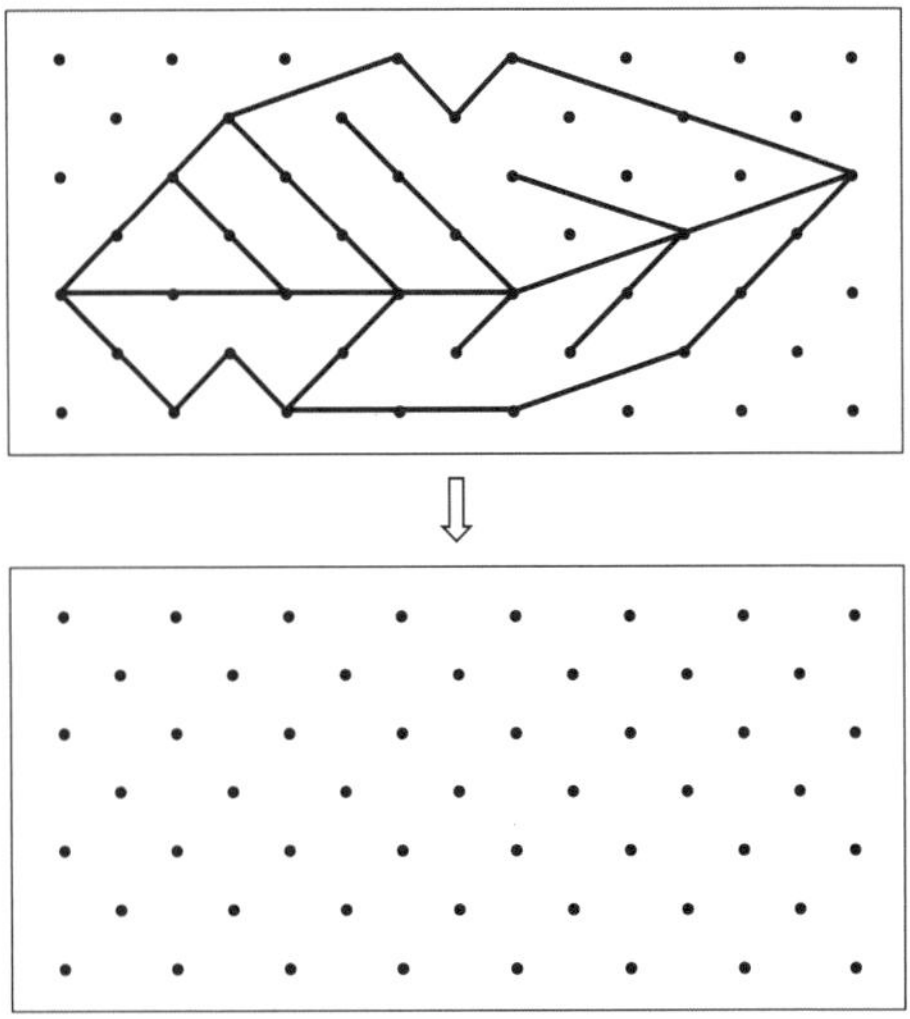

出典：『コグトレ みる・きく・想像するための認知機能強化トレーニング』（三輪書店）

漢字は点々のガイドもなく、画数が多く複雑な形でもっと難しいはずです。ですので、漢字が覚えられないお子さんには、漢字の書き取りドリル以前に、あるいは同時並行で、このような点つなぎの課題に取り組まれることをお勧めします。

なお、点つなぎでは定規を使わず、フリーハンドで行うのがポイントです。視覚と手先運動との連動性や手先の器用さの向上も目的としています。焦らずゆっくりと丁寧に写すように伝えましょう。

③「形さがし」の課題（「見つける」問題）

不規則に並んだ点々の中から、ある特定の形を見つける「形さがし」（次ページ）は、形の恒常性の力をみます。ここでは正三角形が10個隠れています。これまでの調査では、**およそ小学3年生で9個程度見つけられます。**ですので、もし仮に5個くらいしか見つけられないといったお子さんがいれば、黒板の文字や図形をノートに写すのが難しいかもしれません。

アセスメントしたあとはそのままトレーニングに

ほかにもアセスメントとして使えるシートがありますが、コグトレ課題シートの特徴としては、そこで学習の土台のつまずきを見つけるだけでなく、そのまま同じ範疇の課題を使って苦手な箇所をトレーニングしていくという点です。

例えば、ＷＩＳＣ検査をして弱いところが見つかったとしても、ではそれに対処するために何を使ってどんなトレーニングをすればいいかは、また別の話です。実はそこが一番大切なところなのですが、それを明確に答えるのは専門家でもなかなか難しいところです。

しかし、コグトレはシートを使ってアセスメントし、弱いところが見つかれば、そのシ

「形さがし」の課題

下《した》のわくの中《なか》に  が10個《こ》あるよ。それらを
さがして  のように線《せん》でむすんでね。

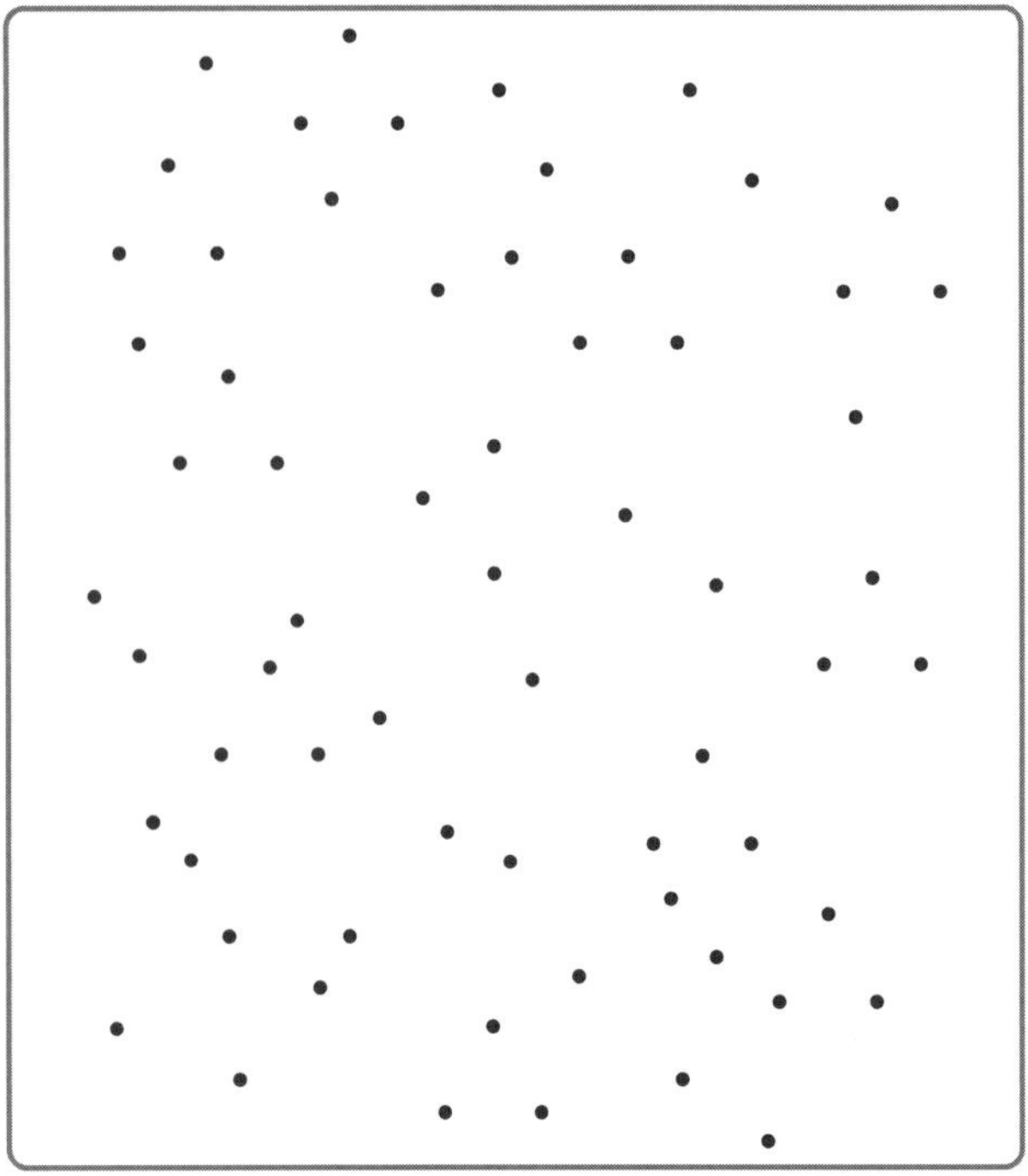

出典：『医者が考案したコグトレ・パズル』（小社刊）

ートのトレーニングをそのままやっていくという方法です。

つまり、「記号さがし」で数が正確に数えられなければ、同じ「記号さがし」の範疇の課題に数多くチャレンジしていくのです。念のため申し上げておきますが、アセスメントで使ったシートはトレーニングには使いません。例えば、コグトレに含まれる「記号さがし①」という課題は、すべて三角形の数を数えるという同じような課題ですが、シートごとにすべて答えが違います。ですので、答えを覚えておくということがなく、毎回、丁寧に正確に数える必要があります。それが「数える」というトレーニングになっているのです。

認知能力よりも非認知能力が大事!?

ここまで、認知機能の強化トレーニングを目的とした「コグトレ」の課題をご紹介してきました。コグトレが世の中に少しずつ広まるにつれ、こんな意見を見聞きすることがあります。

「大事なのは『非認知能力』なのに、コグトレは認知機能を重視しているから危険なトレーニングだ」といった論調です。

「非認知能力」という言葉を聞かれたことがあると思います。昨今は、学力やIQといった数値で測れる「認知能力」ではなく、協調性やコミュニケーション力、思いやりなどを指して「非認知能力」と称し、「非認知能力が大事だ」という風潮もあるようです。でも、実は「非認知能力」という言葉はあいまいで、何を指すのかといった決まった定義がありません。それにわざわざ非認知能力という言葉を使わなくても、協調性や思いやりなどが大切なのは誰でも知っていることです。

一方で、例えば、相手の表情をしっかりと見て、喜んでいるのか、怒っているのか、あわてているのかを察するには、「見る力」も「想像する力」も必要でしょう。**見て、想像する力は認知機能の力そのもの**です。非認知能力とされる協調性やコミュニケーション能力が問われる場面で、相手の表情を読んだり、人の気持ちを想像したり、次に何をしたらいいのかを考えるには、すべて「認知機能」が土台になっているはずですし、認知能力との関係が深いことも疑いの余地はないように感じます。

決して、非認知能力が大切ではないと言っているのではありません。認知能力と非認知能力の両方とも大切であると思います。

認知機能の弱さは対人関係のつまずきにもつながる

先ほど、相手の表情を読む、人の気持ちを想像するにも、認知機能が必要だというお話をしました。認知機能が弱い子どもは、学習のつまずきだけでなく、対人関係にもつまずきが生じがちです。

見る力や聞く力、想像する力といった認知機能が弱いと、対人関係では次のような問題が起こり得ます。

・相手の表情や不快感が読めない、その場の雰囲気が読めない
・人の気持ちがわからない
・相手の話を聞き取れない
・話の背景が理解できず会話についていけない、会話が続かない
・自分が行動を起こした先のことが予想できない

その結果、友達とうまくコミュニケーションがとれず、友達ができない、友達に不快な

思いをさせて嫌われる、いじめに遭う、最悪、仲間外れになりたくなくて悪友の言いなりになる（万引きなどを強いられる）、といった不適切な行動につながる可能性もあるのです。

感情の問題でつまずく子の2つのタイプ

感情の問題でつまずく子には、2つのタイプがあります。ひとつは、**人の気持ちが理解できない子。**もうひとつは、**自分の感情コントロールができない子**です。

保護者や先生はまず、子どもがどちらのタイプなのかを見極めるところから始めるといいでしょう。

前者の「人の気持ちが理解できない」という場合には、

①相手の「表情認知」に問題がないか（表情自体を読み取れないのか）

②表情以外の情報や状況を考えて、相手の気持ちを察することができないのか

といった課題があります。

①ができていなければ、喜怒哀楽などが描かれた「表情カード」を利用して表情から気持ちを読み取る練習をするといいでしょう。

②の相手の気持ちを察するのが難しい場合には、さまざまな体験の場を通して、相手の気持ちを考える機会を増やす必要があります。

次に、「自分の感情コントロールができない」というケースを紹介します。

先生から褒められてキレるCくん

国語の時間に、漢字の書き取り練習をしていました。漢字が苦手なCくんが集中して書いていたので、先生は「Cくん、頑張っているね！　おっ、キレイに書けてるじゃない？丁寧に書いててえらいよ！」と大げさに褒めました。

すると、Cくんは褒められて喜ぶかと思いきや、いきなり立ち上がって、先生に対し、「そういうの、やめてください！」と言い放ち、教室を出て行ってしまいました。

あとで先生がCくんになぜ教室を飛び出したのかを聞くと、「褒められて恥ずかしかった。嫌だった」と答えていました。

キレる子の背景にある「馬鹿にされた」という感情

なぜ、Cくんは褒められたのにキレてしまったのでしょうか？

自分の感情コントロールができない子、キレる子どもの背景には、「怒り」があることが多いです。なぜ怒りがあるのかというと、**「馬鹿にされた」「自分の思い通りにならない」**と感じていることがほとんどだからです。

Cくんの場合も、先生から大げさに褒められたことで「馬鹿にされた」と感じたようです。一方で、同じように褒められた場合に、「先生、ありがとう」とお礼を言う子もいるでしょう。

では、なぜCくんは褒められたのに、「馬鹿にされた」と感じたのでしょうか？ それには、Cくんの「自分に自信がもてない」という背景が関係している可能性があります。

自信がもてない背景には、授業についていけない、落ち着きがなくよく先生から注意される、先生の言っていることが理解できない、友達づき合いがうまくいかない、運動が苦手……などの原因が考えられます。

Cくんはいつも漢字がうまく書けず、先生から丁寧に書けないことで叱られていて、

頑張ってるね！えらいよ！
先生、ありがとう
へへへっ
馬鹿にされた！
ムッ
素直に喜べる子＝
自信のある子
反感をもつ子＝
自信のない子

「ボクってダメだな、先生はボクのことを馬鹿にしている……」と被害者意識が強くなっていたのです。

このケースでは、先生はいつにも増して頑張っているCくんを目に留め、「これはチャンスだ！」と大げさに褒めたのです。しかし、Cくんは「どうせうまく書けないボクのことを、心の中では馬鹿にしているんだ。恥ずかしい」と感じたのでした。

先生が子どもを褒めるなんてささいな出来事（刺激）のはずなのですが、子どもの中には過去の失敗体験と容易に結びつき、その出来事自体がその子の「安心感」を奪う結果につながってしまうケースがあります。

安心感が奪われるとき、人は「戦う」「逃

げる」「固まる」のいずれかの反応を示すとされています。

「やめてください！」と怒ったのは、まさに「自分を脅かす敵と戦っている」状態です。さらに、Cくんの場合は教室から飛び出して逃げていったのでした。

なお、怒りのもうひとつの背景として、「自分の思い通りにならない」ということもあります。これには、「相手への要求が強い」「自分の固定観念が強い」といった傾向が根底にあります。でも、「相手にこうしてほしい！」「人はこうあらねば！」と強く望んでいたとしても、相手がいつも自分の思い通りに動いてくれるわけではありません。思い通りにいかなかったときに、自分は尊重されなかったという不満が生じ、それが怒りに変わって、うまく処理できないとキレてしまうことになるのです。

感情コントロールが苦手な子を支援するには

キレやすい子に対して、感情のコントロール方法を教えようとする際に、大人がやりがちなのは、「今、どんな気持ちなの？」と質問し、子ども自身に自分の気持ちを言わせることです。実は、これはあまり好ましい行為とはいえないでしょう。

逆の立場で考えると、よくわかります。何かあるたびに、「今、あなたはどんな気持ちですか？」と質問されたら、誰しもうんざりしてしまうのではないでしょうか。

とりわけ、失敗や間違ったこと、よくないことをしたときなどは、自分の気持ちを言葉にするのはしんどいものです。そんなしんどい思いを子どもに体験させて、いい結果が生まれるはずはありません。

しかし、自分の気持ちを述べるのは難しくても、意外とほかの人の気持ちならば答えやすかったりします。

例えば、テレビを見ているときに、「あの人は今、どんな気持ちだと思う？」とクイズのようにたずねると、

「なんかムカついているね」

「しょんぼりしてる。落ち込んでいるよ」

「ワクワク、楽しそうにしているね」

などと意外と答えられるものです。


感情コントロールが苦手な子や、相手の気持ちを察するのが難しい子の場合も、まずは「人の気持ちを言う」練習から始めるといいと思います。そうやって「感情」というものへの抵抗感を下げ、感情に向き合う練習をしていきましょう。

この練習は、認知機能のレベルにかかわらず、感情コントロールが苦手だという人に総じて応用できます。そもそも、感情コントロールというのは、子どもだけでなく大人にとっても簡単なことではありません。地位の高い人、賢い人、長年生きている大人でさえ、怒りっぽかったり機嫌が悪くなったりする人はいくらでもいます。それを生まれて10年そこそこの子どもが自然と身につけるのは、実は大変なことなのです。

相手の反応をフィードバックして「自分を知る」

そうやって、「あの人は今、どんな気持ちか？」ということをあれこれ評価するうちに、「あれ、自分はどうだろう。こういうときどんな気持ちかな」と気づいていくものです。

人のことを評価する力がつくにつれて、自然と自分自身のことを客観的に評価できるようになるのでしょう。

さらには、自分の言動から、相手がどんな反応を示すのかをフィードバックして、「自分を知る」という方法もあります。

例えば、相手と話をして笑顔が返ってきたら「私って好かれてる」と感じますし、逆に仏頂面のままならば「嫌われているのかな」と思うでしょう。そういう経験を経て、「自分には好かれるところがあるし、逆に嫌われるところもある」と気づくようになります。

そうした〝フィードバック経験〟を重ねながら、相手との関係性の中で、自分はどんな人間なのかがわかるようになります。

ただし、「相手が悲しんでいるのに、楽しそうと思い込む」ようなことがあるのなら、それはフィードバックが正しくできていないということです。そこには、認知機能の弱さが関係している可能性もあります。自分を正しく知るためにも、やはり認知機能は大切なのです。

第4章

子どもの可能性は どのように伸ばすのか？

一番の困りごとは「勉強ができないこと」

私は、子どもが学校生活を送る上で、やはり一番大切なのは「勉強」だと感じます。そうお話しすると、学校では、友達づき合いや集団生活でのふるまい方も大事だし、中学だったら部活動も大事だろう、と反論する方もおられるかもしれません。でも、学校にいる間の大半は授業を受けて、教科学習を学ぶわけです。もしその大半の時間についていけず、子ども自身が苦しんでいるとしたら、いかがでしょうか。

子ども自身に聞いてみるのが一番だと思いますが、大人から「勉強ができなくても友達がいっぱいいるから大丈夫だよ」と言ってもらえても、果たして子どもは納得がいくでしょうか。もちろん勉強ができたら友達がいなくてもいい、などと言うつもりは毛頭ありません。

しかし、勉強はできないよりもできるほうがいいでしょうし、保護者の方も自分の子どもが少しでもできることを望んでおられるはずです。

診察室や教育相談でお子さんや保護者の悩みを聞いていると、それを切実に感じます。あるお子さんは小学校低学年の頃は勉強が苦手でもそれほど気にしていなかったのですが、学年が進むにつれて周りに比べて勉強ができないことに気づき、次第に元気がなくなってきたそうです。ある保護者の方は「勉強ができないことが周りに知られたらいじめに遭わないだろうか」と心配されていました。

かつて児童精神科外来で子どもが勉強できないことで「しんどい」と訴えているのに、どうして勉強の相談に乗ってやれないのかと、もどかしく感じることがありました。「うちの子は、勉強でこういうところが苦手で……どうしたらいいんでしょうか？」そんな相談を受けても、医師としては何も答えられなかったときには無力感も覚えました。子どもの心をケアするのが児童精神科医なのに、子どもが困っている学習への支援に対しては何もできないのはおかしな話です。

もちろん学習の支援は教育現場が行うことだ、というご意見もあるかもしれませんが、だからといって目の前に勉強で困っている子どもがいて、その背景に認知機能の弱さという可能性があるのならば、それに対処するのも児童精神科医の仕事のひとつであると個人的には思っています。

その子の学習のつまずき箇所を知る

教育相談には、境界知能のお子さんも訪れます。でも、「うちの子は境界知能だ」と思ってやって来るのではなくて、「授業にどうしてもついていけない」「勉強が苦手だ」ということで相談しに来て、そこで知能検査をやってみたら、境界知能だとわかるケースがほとんどです。

しかし、第2章でお話ししたように、学習のつまずきや苦手なポイントは、WISCの知能検査だけではなかなかわかりません。私は、WISCでお子さんの知能水準を大まかに見て、具体的に苦手とするところをコグトレの課題シートを使って追加でアセスメントしていく方法をとっています。

例えば、「数える」問題の「記号さがし」でケアレスミスが多いとか、同じく「まとめる」問題では、数のまとまりという「量」としての数概念が未獲得であるとか、具体的につまずいている箇所が把握できますので、そういうところをトレーニングしてもらえば、という話につながります。

教育相談の結果を心理士から学校に伝えてもらう際には、コグトレの課題シートも添えて具体的な学習の支援策もあわせてフィードバックするようにしています。

まだ試行段階ですが、コグトレの代表的な課題シートごとに数千人規模で取った子どもたちの正答率のデータがあります。何年生だったらこれくらいの課題がどのくらいできるかといった基準です。それらのシートを軸として何種類かの課題シートをやってもらい、できなければ簡単なレベルのものに変えたり、できた場合には少し難しいものにレベルアップをしたり、調整しながら、お子さんのレベルや、できる課題・できない課題を見ていきます。そうやって、苦手な箇所を見立てていくわけです。

コグトレ課題シートを使った子どもの見立ては、ある程度の経験が必要です。日本COG－TR学会では、使い方について紹介したり体験しながら学び合ったりする研修会（ワークショップ）を随時行っています。

知的障害の子も伸ばせる可能性はある

子どもの認知機能面の不得意箇所を明らかにして、その分野のトレーニングをしていくのは認知機能を伸ばせる可能性が皆無ではないからです。もちろん伸びないお子さんもおられますが、伸びるお子さんがいるのも事実です。やり方次第で、認知機能の一部が明らかに向上していく子を、たくさん目にしてきました。

実際のところ、コグトレで書き写しが上達した、数えるタイムが早くなったという子はたくさんいますし、課題がうまくできるようになったのは、もちろん練習効果もありますが、認知機能の一部が向上した結果だと考えています。

一般的には「IQは一生変わらない」と言う医師もおられますが、100%そうだと証明するほうが難しいはずでは？　と第2章でもお伝えしました。かつて軽度知的障害や境界知能と判定された子どもたちが、数年たって平均的なIQになった例などは、ときおり聞きますし、教育、医療関係者ならそういった事実も知っておられるはずです。もちろん環境の変化も含めて慎重に検証する必要がありますが、IQは周りの大人との関わり方次第で変わる可能性も少なからずあるはずです。

それと脳には「可塑性」があります。脳は外界からの刺激などによって常に機能的な変化、構造的な変化を起こしているとされます。神経組織や回路が変化する性質があるのです。**成長期の子どもの脳ならなおさら、常に変化してその能力を伸ばせる可能性があるの**ではないでしょうか。

発達障害と知的障害の認知機能への支援の基本は同じ

発達障害への医療的な対応はどちらかというと「対症療法」に近いでしょう。ＡＤＨＤでしたら不注意や多動性、衝動性などが不適応の背景にあれば、それらを改善させる効果のある薬を服用させて、症状を落ち着かせることがあります。そして思春期くらいになって、自分で不注意や衝動性などをコントロールできるようになってきたら薬を減らしていきます。ただし、ダイレクトに不注意、多動性、衝動性自体を治すことを目的にする、ということは一般的ではありません。自閉スペクトラム症にしても、こだわりが強かったり、場の空気が読めなかったりしても、その特性をなんとか治そうということは主流ではありません。

しかし発達障害でも認知機能の凹凸があり、そこの改善を目的とした治療的介入はこれから増えてくるかもしれません。そういった認知機能への支援方法は、もちろん個々の違いはありますが知的障害と基本的には同じものになるはずです。

境界知能は、支援級か通常級か？

ある研究調査会から文部省（当時）初等中等教育局長宛てになされた「軽度心身障害児に対する学校教育の在り方」という報告（昭和53年）に、次の一文があります。
「知的発達にやや遅れはあるが、知的障害でない児童・生徒（以下「境界線児」という。）は、原則として、通常の学級において留意して指導すること」

これは原則として、境界知能の子どもは通常級で学ぶこと、ということです。実は、それまでは、境界知能の子は、特別支援学級（当時は「特殊学級」）に入るというのが主流でした。しかしそうなると、支援する先生の数も必要ですし、見るべき子どもの数も多くて大変です。また、特別支援が本当に必要な子たちへの教育にまで手が回らなくなってしまいます。

そんな教育環境の中、先の報告がとりまとめられた結果、境界知能の子は通常級で見ましょう、という流れになりました。そしてこの報告書の方針が現在まで引き継がれているのです。現在も境界知能自体は障害ではなく、勉強が苦手で通常の学習カリキュラムについていけるか、いけないかギリギリのラインにいると考えられます。

いっぽう支援級は、一般の小・中学校の中に設置されている学級で、障害のある子に対して、学習面・生活面の教育が行われます。基本は1クラス（担任の先生1人）に子ども8人までと定められており、通常学級（通常級）よりも少人数制です。より手厚い支援が期待できます。

では、境界知能の場合は、支援級と通常級、どちらの学級を選択するのが適当でしょうか？　現在は通常級となっていますが、それゆえに新たな問題が生じ、今、ふたたび境界知能が注目されていると言えます。**画一的に、支援級か通常級かと決めるのではなく、ケースバイケースで柔軟に対応**すべきと考えます。

「加配」があることが望ましいが……

ただし、前述の報告書では、「通常の学級において境界線児の指導を行う場合には、学級編制及び教育課程の編成等の配慮のほかに、必要に応じて、特別な指導の場を設けるなどの配慮を行うこと」とあります。本当は、「加配」（困りごとを抱える子どもへ援助ができる先生の配置）があることが望ましいのですが、境界知能は「明らかな障害」とまではとらえられていないために、現状では難しいところです。

では、境界知能のお子さんへの学校での指導をどうしたらいいのか？

「クラスに気になる子どもがいて。ちょっと勉強が苦手なんです。でも、明らかな障害ではないし……ただ何か配慮が必要だとは思うのです」

こんなふうに悩んでいる先生の声はよくうかがいます。

クラスで気になる子どもが、うすうす「境界知能ではないか」と気づいている先生は増えています。ただし、具体的にどうやって指導していったらいいのか、というところまではわからずに、試行錯誤している段階のように見受けられます。

「頑張れ」をうまく使い分ける

境界知能とは基本的にIQ70～85未満ですので、簡単に言えばIQで80あれば、同じ年齢の子（平均値はIQ100）と比べて8割程度の発達水準ということになります。

一見、平均の8割あれば、そんなに心配する必要はないように思われますが、10歳の子どもたち（小4のクラス）の中に8歳の子ども（小2）が混ざっていたら、授業についていくのは、かなりしんどいことだと想像できます。

しかし、先生や保護者など周囲の大人が、子どものしんどさの原因に気づいてあげられないと、これまで繰り返し述べてきたように、単に「やる気がない」「努力不足」「頑張りが足りない」などととらえてしまいがちです。

私たち大人には、これまで「努力して頑張って、さまざまなことを達成してきた」という成功体験が多かれ少なかれあります。そのため、誰でも「頑張ればできる」と考えている節があります。目の前に困っている子どもがいたら、励ますつもりで「もっと頑張りなさい！」「やればできるよ！」といった言葉を無自覚に投げかけてしまいがちです。

しかし、境界知能などの子どもたちが抱えるしんどさは、必ずしも「頑張ればできる」という問題ではありません。**むしろ、「頑張れ」という励ましは、しんどさを抱える子どもたちにとっては、負担となってしまうおそれ**があるのです。

本音は「みんなと同じようになりたい」

では、「そのままでいい」「頑張らなくていい」という言葉を使えばいいかというと、一概にそうとは言い切れません。そのような言葉がけをするときには、注意が必要です。子ども本人が「そのままでいい」と考えているか、私たち大人は立ち止まって考えてみる必要があると思います。

境界知能の子どもにかかわらず、困っている子どもたちの多くは、

「みんなと同じようになりたい」

「自分だけができないのがつらい」

「わからないのがつらい」

そう内心では思っているのではないでしょうか。

私が少年院で矯正医官として勤務していたときの話です。少年たちに、積み上げられた図形が、左右やうしろからはどのように見えるのか、「想像する」問題（「心で回転」課題）を解いてもらっていたのですが……、ひとりだけ、「わからない」と言う少年がいました。実際に積み木を積んで見せても、それでも「わからない」と言います。

私が「どうしてわからないのかなあ」と思わずつぶやくと、その子はみんなの前で突然、泣きだしてしまいました。私は無自覚のうちに、その少年をひどく傷つけてしまったのです。

その経験から、「みんなの中で自分だけがわかっていない」というのは、とてもつらいことなのだと思い知りました。多くの子どもたちは、そのつらさを払拭したいし、裏を返せば、「自分もできるようになりたい！」という願望をもっているのではないでしょうか。

そうした思いをもつ子どもに、「そのままでいい」「頑張らなくていい」と安易に言葉をかけてしまうとどうなるでしょうか。**適切な支援をすれば伸びる可能性のある子どもたちの未来を、挑戦すらさせずにつぶしてしまう**ことにもなりかねません。

それでも、「みんなと同じにならなくていい。今は多様性の時代なのだから」と主張される方もいるかもしれません。その主張はしごくまっとうで、今の時代は、多様性の尊重が重視されています。しかし、大人が考える多様性の概念を、子どもにそのまま当てはめることはできないように思います。なぜなら、子どもたちは多様性の前に、まずは「みんなと同じ」にできるようになりたいと強く願っているからです。

私は、個性としての多様性の尊重は、本人の中で「みんなと同じ」がクリアになってからの、次のステップだと考えています。

子どもの成長のゴールは「自立」

私たちが、しんどさを抱える子どもたちを支援する目的はといえば、子どもによりよく成長してもらい、最終的には「自立」してほしいからでしょう。

では、子どもの成長をうながし、最終的に自立を目指すために、親や学校の先生など身近な大人たちができることは何でしょうか？

私は、周囲の大人には、子どもの「伴走者」であってほしいと願っています。

子どもが何かに挑戦したとき、つまずくこともあるかもしれません。そうして試行錯誤を繰り返す。つまずいて不安なときには、「大丈夫だよ。手を貸すよ」と声をかけ、子どもが必要なときにだけサポートするのが、伴走者です。

子どもがやることに先回りして、「それは違うね」「もっとこうしたらいいよ」と口を出すのは、伴走者ではありません。先回りして手助けしたほうが、手っ取り早いかもしれませんが、それは子どもの発達・成長の妨げにもなってしまう行為で、子どもの自立という

くっつきすぎず離れすぎずの距離感で子どもを見守る

ゴールを遠のかせてしまいます。

子どもを見守るときのポイントは、くっつきすぎず離れすぎずの距離感です。子どもにくっつきすぎて、やることを先回りして手を貸してばかりいると、自立を妨げてしまいますし、一方で子どもへの関心が薄く、困っているときに手伝えないでいると、子どもを不安にさせてしまいます。

「いつも見ているし、いつでも手伝うよ」という伴走者がいてこそ、子どもは安心して新しいことにチャレンジしていけます。失敗してつまずいても、立ち直っていけます。そうして、自分でできることを増やし、だんだんと自立というゴールに向かってほしいと願います。

子どもを動かすのは「一緒にやる大人の姿」

世のお母さん、お父さんは、「伴走者」として子どもを見守りたい——と思いつつも、それでもついチクチクと口出ししたくなる場面はあるでしょう。

例えば、家でゲームに夢中になっている子どもに対して、

「少しは勉強したらどうなの！」

「宿題は終わったの？　まずは宿題しなさい！」

など小言のひとつも言いたくなるかもしれません。

境界知能をはじめとした授業についていくのが難しいお子さんには、家庭での学習習慣も必要だと考えます。親御さんがお子さんに、もっと勉強する習慣を身につけさせたいと願う気持ちもわかります。

しかし、親御さん自身はいかがでしょうか。子どもは身近な大人である親をモデルにしながら、いろいろなことを学んでいきます。子どもに勉強してほしかったら、親も勉強している姿を見せることが一番と感じます。

子どもを動かすのは、「勉強しなさい！」「宿題しなさい！」と一方的に指示する言葉ではなく、「一緒にやろう」のひと声です。

子どもが気の進まないことや苦手なことをするには、親も「一緒にやること」が解決策になると思います。子どもは親に見守ってもらうことで、苦手なことでも行動に移しやすくなります。

授業についていくのが難しいというお子さんにお勧めの教材は、手前味噌ですが「コグトレ」です。これならパズルやクイズのように遊び感覚で取り組めます。ただそれも子どもだけにやらせるのではなく、ぜひ、お母さん、お父さんが、お子さんと一緒にコグトレから取り組んでみてはいかがでしょうか。

「宿題はやったの?」という親の声かけは無意味

子どもの「伴走者」になりたいとは思っていても、「うちの子は『宿題を今やろうとしていた』なんて言って、なかなかやらないんです。だから、私が強く言わないと」という親御さんもいるかもしれません。子どもについ言いたくなる気持ちもわかりますが、常に「やりなさい!」と言い続けることで、子どもが自ら行動するチャンスを奪っていることもあるのです。

子　ゲームをしながら心の中で『そろそろ、宿題をやろうかな』
親「まだゲームしてるの?　宿題はやったの?」

子「今やろうとしてたんだよ」
親「本当に？　早くやりなさいよ」
子「ちゃんとやるからさ、ほっといて！」

もしも、子どもが本当に「今やろうとしていた」のであれば、「宿題はやったの？」のひと言は、子どもの出鼻をくじくことになります。やる気を削がれた子どもは、「もうほっといて！」と言い返すことになります。そこでもし、親に言われるままに宿題をやってしまうと、単に親の指示に従っただけという結果になってしまうからです。

一方、親からしてみると、「宿題はやったの？」と聞いて、それでもし子どもがたまたま宿題を始めると、「やっぱり、私から声かけしたほうがいいんだ」「言わないとやらないんだから」と、自分の声かけに効果があると誤解してしまいます。そうなると、その後も「宿題はやったの？」「早くやりなさい」と言い続けることになります。

しかし、子どもにやる気がないときは何を言ってもやりません。すると、**親は「もっと強く言わないとダメなのか……」と勘違いして、より強く「宿題はしたの!?」「早くやりなさいよ！」と叱り続けることに**なります。

子どもが家に帰って、宿題より先にゲームに夢中になっている姿を見ると、親としては「やれやれ」と思うかもしれませんが、子どもは学校でいろいろあってほっと一息つきたいのかもしれません。まずは「どう？　今日、学校は楽しかった？」などと、子どもに聞いてみましょう。すると、子どもは内心、「早く宿題やれって、言われないのか」とひと安心します。

親としては、「宿題を始めて、何かわからないことがあったら声をかけて」などと伝えて、宿題の無理強いはしないようにします。これが伴走者として、子どもが自主的に行動するためのサポートです。

ただし、親には忍耐が必要です。子どもが宿題を始めるまで時間がかかっても、取り組めたときには「ちゃんとやってるね！」と認めてあげましょう。

子どもが自分から宿題をやらない理由

もしも、子どもが自分から宿題をやりたがらないのだとしたら、宿題のレベルがその子に合っていないということも考えられます。

人は、取り組む課題の半分以上ができなければ、やる気を失うと言われています。**やる気を保つには、半分以上は間違えずにできる問題までレベルを調整**する必要があります。

ただし、クラスで一人だけほかの宿題を出してもらうのが難しい場合には、**親が答えを用意して、それを見せて写させてもいい**でしょう。

「そんなラクをさせてもいいの？」

「自分の頭で考えさせなくていいの？」

などと疑問や批判の声があるかもしれません。でも、答えを見せても大丈夫です。答えがわかってから、問題の意味がわかることもあるからです。

あるいは、「この答えになるには、どうやって考えればいい？」という教え方もいいかもしれません。親があえて答えを見せることで、宿題に取り組ませる方法をお伝えしましたが、それとは別に、子どもが親に内緒で、宿題の答えを丸写ししていた場合はどう対処したらいいでしょうか？　例えば、宿題として出されたドリルの巻末に解答ページがあり、それを丸写ししていたようなケースです。

だとしても、丸写ししたことを責めてはいけません。その背景にあるのは、宿題がわからないことがばれたくない、恥ずかしい思いをしたくない、親から叱られたくない、宿題ができていい子だと思われたい、といった不安だったり承認欲求だったりします。丸写ししたことを責めたり心配したりするのではなく、子どもの不安な気持ちを理解してあげることが大事です。

「わからなくても大丈夫。一緒にやろう！」と子どもに寄り添ってあげましょう。

基本問題が半分以上解けるようになってから

前項では、答えを丸写しにさせる勉強法を紹介しました。大人からすれば、子どもがわからなくても、「まずは自分の頭で考えてみなさい」「自分で考えることが大切なんだから」などと言いたくなるかもしれません。

しかし、自分の頭で考えるというのは、ある程度、学習が進んだ子どもが実力を試したり、知識の確認をしたりする上で、有効なことです。境界知能をはじめ、学習につまずきがあるお子さんは、わからないことだらけだと考えてください。わからないことのほうが多い子どもには、いくら自分で考えようとしてもどうしてもできない問題もあるのです。

本人の能力やペースを無視して、わからない問題ばかりに取り組ませていると、その子は「自分はなんでできないんだ」と無力感を覚え、やる気を削がれてしまいます。

家庭学習では、まずは、大半は解けるレベルの簡単な問題から挑戦させましょう。それができるようになれば、さらに少し難しい問題に取り組ませて……となりがちですが、ちょっと待ってください。

教科学習では、定義という「決まりごと」が多く出てきます。例えば、算数では四則混合の計算式で計算するのに順番があったり、分数の足し算では分母を同じにしてから分子を足したり……とくに勉強が苦手な子どもは、決まりごとを覚えるだけでも精いっぱいです。

簡単な問題ができたからといって、それで決まりごとが身についているわけではありません。なんとか精いっぱいやって、まねることができただけかもしれません。

水泳にたとえると、やっと浮き輪なしで水面に浮くことができたのに、プールに放り投げて「次は25mプールを泳ぎきろうよ」と挑戦させるようなものです。

簡単な問題がようやくクリアできたときに、難しい問題をやらせてもほとんどできないのでは意味がありません。それどころか、できない問題が続くと、やる気を失ってしまうという弊害があります。

難しい問題に進むよりも、基本問題はほぼ大丈夫というくらいに繰り返し取り組んで、「意外と簡単なんだ！」と達成感をもってもらうことが先決です。そうやって自信をつけたあとに初めて、難しい問題にもチャレンジしようという気持ちが芽生えてきます。

例えば、中学生になった子が、小学生時代に苦手だった問題に取り組んだら、すぐに解けるものもあります。それは一度全体像を把握すると、理解度が向上することや、生活体験と照らし合わせて、簡単に解ける問題も出てくるからなのです。

学習がある程度、進めば、自然にわかるようになる問題も出てきます。今はわからなくても学習の無理強いはしないで、待ってあげてください。

教科学習の中でも、基本は国語と算数！

親としては子どもの知的好奇心を刺激しようと、例えば、歴史が好きなお父さんであれば、子どもに偉人の物語や歴史マンガを与えたり、歴史に関連する場所や城めぐりに連れて行ったりして、なんとか社会科への興味を引きだそうとするかもしれません。

しかし、どんなにすばらしい物語であっても、子どもに読む力がなければ、偉人の物語や歴史マンガは苦痛であり、それを勧められることで余計に社会科への苦手意識が生まれてしまうおそれがあります。

教科の社会の教科書を読み取るにしても、すべての子どもが同じように読み取れるわけではありません。国語が得意な子と苦手な子では、同じ社会の教科書の内容を教えても、差が生まれてしまいます。

また、社会では帯グラフ、折れ線グラフ、百分率（％）で示されたデータなどを読み取る力も必要です。子どもが算数を苦手だとすると、その理解は難しくなります。

さらに、社会科で学ぶ出来事を論理的に理解するにも、算数の力を伸ばすことは大切です。

例えば、「税を払うのはなぜか？」を考えるとします。

「もしも税金がなかったら……↓救急車・ゴミ収集・交番などが有料になる↓公共サービスの費用をすべて負担するのは大変↓安心して暮らしていくのに税金は大切」という話は授業では習いますが、算数でも必要となる論理的に考える力が弱ければなかなか理解できなかったりします。

もしも社会科が苦手で、国語も算数も苦手であれば、まずは国語や算数の力を伸ばすことが先決でしょう（ただし、国語や算数の理解も難しい場合には、教科学習以前に認知機能への何らかの支援もあったほうがいいでしょう）。

前向きなサインを送り続けることが大切

学習につまずきがあっても通常学級にいる場合は、文部科学省が定めている教育課程（カリキュラム）があるので、個人のペースに合わせて授業が進むわけではありません。

境界知能であれば、次第に勉強についていけなくなる可能性があります。境界知能の上限は15歳程度と言われています。軽度知的障害の場合は、知能の上限が12歳程度とされています。ですので、いずれ高校や中学の勉強についていけないおそれがあります。そして、周囲と自分を比較してますます自信を失っていくかもしれません。

何をするにも自信がもてないとその後の生き方にもさまざまな負の影響を及ぼしかねません。

しかし、親や先生が状況に応じて子どもを肯定する前向きなサインを送り続けることで、「ぼくも、私も、できることがあるんだ！」という自信をもたせることは可能です。

苦手なところへの支援を十分に見据えながら、「今は、算数は苦手だけど漢字は詳しい」「スポーツが得意だね」「誰よりもゲームがうまいね」「友達思いでやさしいね」などその子にとって自信をもてる何かを見つけ、その子の自己価値を保ってあげるのも身近な大人の役割だと思います。

ただひとつ注意点があります。それは結果を焦らないことです。何かをやり続けて子どもに成果が出てくるには1年から数年かかることもあります。すぐに期待した成果が出ないからといって、支援を簡単にあきらめてしまわないことです。

著者略歴

宮口幸治（みやぐち・こうじ）

児童精神科医・医学博士。立命館大学総合心理学部・大学院人間科学研究科教授。一般社団法人「日本COG-TR学会」代表理事。臨床心理士。京都大学工学部を卒業し、建設コンサルタント会社に勤務後、神戸大学医学部を卒業。児童精神科医として精神科病院や医療少年院、女子少年院などに勤務し、2016年より立命館大学教授に就任。
子どもたちの認知機能を強化させるトレーニング「コグトレ」を考案。2020年より、コグトレの普及・研究を行う「日本COG-TR 学会」を主宰し、全国で学校教員や福祉施設支援員らに向けて研修を行っている。
著書は『医者が考案したコグトレ・パズル』シリーズ（小社刊）、『どうしても頑張れない人たち』『ケーキの切れない非行少年たちのカルテ』（ともに新潮新書）、『「立方体が描けない子」の学力を伸ばす』（PHP新書）、『1日5分！ 教室で使えるコグトレ』（東洋館出版社）、『コグトレ みる・きく・想像するための認知機能強化トレーニング』（三輪書店）など多数。

SB新書　627

境界《きょうかい》知能《ちのう》の子《こ》どもたち

「IQ《アイキュー》70以上《いじょう》85未満《みまん》」の生《い》きづらさ

2023年 8 月15日　初版第1刷発行
2023年10月29日　初版第5刷発行

著　　者　宮口幸治
発 行 者　小川 淳
発 行 所　SBクリエイティブ株式会社
〒106-0032　東京都港区六本木2-4-5
電話：03-5549-1201（営業部）
装　　幀　杉山健太郎
イラスト　村山宇希
組　　版　アーティザンカンパニー株式会社
図　　版　株式会社ローヤル企画
編集担当　中本智子
印刷・製本　大日本印刷株式会社

本書をお読みになったご意見・ご感想を下記URL、
または左記QRコードよりお寄せください。
https://isbn2.sbcr.jp/09931/

落丁本、乱丁本は小社営業部にてお取り替えいたします。定価はカバーに記載されております。
本書の内容に関するご質問等は、小社学芸書籍編集部まで必ず書面にて
ご連絡いただきますようお願いいたします。

ISBN　978-4-8156-0993-1

SB新書

植物は死なない!? 植物学者が思索する生命論
植物に死はあるのか
稲垣栄洋

先の見えない時代、今こそ学び直したい最重要テーマを「知の巨人」が徹底解説!
20歳の自分に教えたい本物の教養
齋藤 孝

「気のきいた会話」で、仕事も人生も好転する!
気のきいた会話ができる人だけが知っていること
吉田照幸

グレーゾーンの生きづらさを乗り越える最新アプローチ
発達障害「グレーゾーン」生き方レッスン
岡田尊司

誰もが知る定番名所の知られざる物語と愉しみ方
歩いて愉しむ京都の名所
柏井 壽